Eveline Schulze

Vaters Pistole

Authentische Kriminalfälle

Das Neue Berlin

Bildnachweis

Archiv der Autorin S. 19, 20, 23, 24, 28, 30, 36, 54, 66, 69, 78, 85, 106, 109, 112, 125, 132, 143, 156, 158, 164, 192, 214;
Archiv edition ost S. 16; Robert Allertz S. 101
Die Illustrationen sind, soweit nicht jüngeren Datums, aus den Akten und authentisch, hingegen wurden zur Wahrung der Persönlichkeitsrechte die Namen von Tätern und Opfern, Angehörigen und Zeugen verfremdet. Das gilt auch für die ermittelnden Kriminalisten. Dialoge und Abläufe von Handlungen sind frei erfunden.

ISBN 978-3-360-02194-6

© 2015 Das Neue Berlin, Berlin
Umschlaggestaltung: Buchgut, Berlin,
unter Verwendung eines Fotos von SLUB Dresden/Deutsche Fotothek,
Gerd Danigel
Druck und Bindung: Prosystem, Polen

www.eulenspiegel-verlagsgruppe.de

Vaters Pistole

Der Himmel ist trüb. Wolken fließen ineinander und bilden eine dunstige Decke. Kein Farbklecks, kein Loch, durch das ein wenig Blau schimmert. Um die Ecken bläst kalter Wind und lässt die gefühlte Temperatur um einige Grade unter Null fallen. Er zerteilt nur mäßig den Qualm, der aus den Essen steigt. Braunkohle, gefördert in den Tagebauen im Nachbarbezirk, macht das Atmen schwer. Der Rauch lastet auf den Dächern und fällt aufs schnee-lose Pflaster in den Straßen und in die Lungen.

Krause hasst den Winter. Zumindest solche. Früher, als noch Schnee fiel und der Frost klirrte, als die Neiße von ihren Rändern her zuwuchs, bis eine Eisdecke sie verschloss, auf der man auf die andere Seite des Flusses gelangte – das waren noch Winter! Das hier ist nur unangenehmes Schmuddelwetter. Wobei, Krause hält inne, vor drei Jahren gab's ja diesen schweinekalten Winter, von dem die Metereologen behaupteten, es sei der kälteste seit dem Kriege gewesen. Drei Monate Frost am Stück, nicht nur die Neiße war gänzlich zugefroren, selbst die westliche Ostsee war es. Die Schule fiel aus, weil keine Kohle mehr kam: Die Förderbrücken in den Tagebauen waren eingefroren, und in den Waggons lagen große Klumpen Eis. Die Bergleute und die Soldaten der NVA mühten sich redlich mit Brechstangen und Propanbrennern, aber in den Stromfabriken und Heizkraftwerken kam dennoch zu wenig Kohle an. In ihren Büros, Krause erinnert sich, blieben die Fensterscheiben undurchsichtig und der Atem hing als Wolke in den unterkühlten Räumen des Volkspolizeikreisamtes. Sie hockten damals in ihren Wintermänteln hinter den Tischen und zogen nur zum Schreiben die Handschuhe aus. Gottlob mussten sie kaum was notieren: Auch Karnickeldiebe und Einbrecher schienen einen Schongang eingelegt zu haben. Es war eine wenngleich kalte, so doch ruhige Zeit.

Nun ja, diesbezüglich hat sich wenig geändert. Der Januar ist in jedem Jahr ereignisarm. Als hielten alle Winterschlaf oder wären noch satt und träge von Weihnachten. Erst allmählich kommt das Jahr in die Gänge. Man wühlt in den Altlasten und studiert zum Zeitvertreib die Akten von Fällen, die ungelöst in den Schubfächern ruhen. Dort endet auch ihr Dasein, denn es handelt sich meist um Bagatelldelikte. Mein Gott, ob sie nun den Täter, der in der Hauptpost neben dem Bahnhof die große Scheibe einwarf, ermitteln oder auch nicht: Die Versicherung hat gezahlt, und das Fenster ist wieder dicht. Und fänden sie ihn, dann wäre das ein Fall für die Konfliktkommission des Betriebes oder – sofern aus politischen Gründen der Stein geflogen ist – einer für die Staatssicherheit. Aber bei Lappalien wie dieser wartete man in der Regel auf das

Gras, welches über die Sache wächst, und solches Gras spross selbst im Winter.

Krause schiebt seinen Bauch durchs Portal und nickt dem Unteroffizier hinter der Scheibe zu. Die werden auch immer jünger, denkt er, als er in das Milchbartgesicht blickt, in welchem die Pickel blühen. Aber vielleicht liegt es auch daran, dass ich selbst immer älter werde, sagt sich Krause, und ein Anflug von Altersmilde und Verständnis macht sich in ihm wohlig breit. Es schmeckt nach Rente und Nichtstun. Acht Jahre noch.

»Gab's was?«

Die Frage zieht er noch beim Stellen zurück. Das wird ihm der Operative Diensthabende schon sagen, den er ablösen wird. Der Job läuft im Schichtbetrieb, 24 Stunden am Tag, rund um die Uhr muss die Volkspolizei erreichbar sein. Das Verbrechen schläft nicht, die Polizei folglich auch nicht.

Der Milchbubi in Uniform schüttelt den Kopf. Er weiß, dem alten Hauptmann von der K muss er keine Meldung machen. Nur wenn der Leiter der Dienststelle kommt oder sein Politstellvertreter hat er die Hacken zusammenzuknallen und zu melden, dass sich keine besonderen Vorkommnisse zugetragen hätten. Er blinzelt über den Rand seiner Hornbrille. »Nein, nichts.«

Da ist Krause allerdings schon mit wehenden Mantelschößen an ihm vorbeigerauscht. Wobei das nicht ganz präzise das Tempo beschreibt, mit dem sich Krause durch den Polizeikorridor bewegt. Er eilt gemächlichen Schritts, also nicht sonderlich schnell, aber auch nicht betont langsam. Dabei knöpft er sich den Mantel auf und lockert den Schal, der unterm Doppelkinn kunstvoll zu einem Knoten geschlungen ist, wobei Krause penibel beim Binden darauf achtet, dass der vordere Teil den darunterliegenden allenfalls um fünf Zentimeter überragt. Allein an der Trageweise des Schals lässt sich erkennen, dass Krause sehr korrekt ist. Selbst wenn man die fürsorgende Hand und den kontrollierenden Blick einer Ehefrau in Rechnung stellte – und dies muss man in Krauses Falle selbstredend tun –, verliert sich dieser Eindruck nicht. Stets sitzt der Binder fest und unverrückbar unter Krauses Kehlkopf, nie hat einer der Genossen auf der Dienststelle erlebt, dass Krause dieses Mordinstrument je gelockert hätte. Nicht einmal bei 40 Grad im Schatten erlaubte er sich eine solche Erleichterung, damit allen zeigend, was er für ein harter Hund ist. Trotz seines Alters.

Hans Krause wäre nun seit fast vier Jahrzehnten bei der Polizei, wenn er damals bei den Nazis nicht freiwillig ausgeschieden wäre. Ein ärztliches Attest, um das er sich bemüht und welches ihm ein Gesinnungsgenosse ausgestellt hatte, verhinderte erfolgreich, einen Eid auf den Reichskanzler Hitler leisten zu müssen, was der junge Kriminalbeamte Krause aus politischer Überzeugung ablehnte. Nach der Rückkehr aus der Kriegsgefangenschaft hatte er sich erneut bei der Polizei gemeldet. Die befand sich gerade im Aufbau und war froh über jeden Bewerber mit weißer Weste. Die mit einer braunen und befleckten hatte man aus dem Polizeidienst entlassen, sofern sie sich nicht schon von selbst entfernt hatten. Aus dem Dienst, aus der Stadt, aus der sowjetischen Besatzungszone. Krauses Partei gab es nicht mehr, sie hatte sich mit den Kommunisten vereinigt, und da er ein politischer Mensch war und blieb, hatte er sich der Einheitspartei angeschlossen. Die war, aufs Ganze betrachtet, seine politische Heimat geworden, auch wenn ihm dieses und jenes nicht sonderlich schmeckte. Die Losungen schienen ihm zu laut und die Aufmärsche zu zahlreich, die Nachsicht bei Irrtümern anderer zu gering und bei den eigenen zu gewaltig, hingegen der Umgang mit vermeintlichen Abweichlern von »der Linie« zu hart. Doch die sozialen Ziele, denen die Gesellschaft zustrebte, diktiert eben von jener Diktatur, die sich die der Arbeiter und Bauern nannte, sind auch die seinen: Er will, dass es gerecht und friedlich zugeht, dass Kinder zur Schule gehen und anschließend einen Beruf erlernen oder studieren können, dass jeder Arbeit und ein Dach über dem Kopf hat, und sollte man mal erkranken, dass Ärzte sich um einen sorgen. So kann man glücklich und alt werden.

Solche Sachen sind Krause wichtig. Und darum ist er auch bei der Polizei, genauer: bei der Kriminalpolizei. Er hat damals, in den frühen 50er Jahren, eine fundierte Ausbildung gemacht, von der er zehrt. Keine Wald- und Wiesenkurse, in denen das Bimsen von Dienstvorschriften und Rechtsgrundsätzen im Vordergrund stand, sondern solides Handwerk. Unlängst hatten sie an der Berliner Humboldt-Universität eine Sektion Kriminalistik aufgemacht, und kurzzeitig spielte er sogar mit dem Gedanken, sich dort einzuschreiben, aber dann besann er sich seines Alters und des nahenden Endes seines Berufslebens. Dann würde er eben als Hauptmann in Rente gehen und nicht als Major. So viel Unterschied macht das bei der Altersversorgung nicht aus. Warum also sollte er einem jüngeren Kollegen, der noch Zukunft hat, den Platz im Hörsaal wegnehmen? Krause ist vom Wesen her durchaus altruistisch veranlagt.

Er öffnet die Tür. Sarkowski blickt kurz auf, nickt freundlich und nimmt den Telefonhörer nicht vom Ohr. Konzentriert hört er zu. Krause sieht, wie er mit dem Bleistift Notizen macht. Er steckt den Bügel in den Mantel und hängt ihn in den Schrank, mit dem Schal im rechten Ärmel. Natürlich. Dann wartet Krause das Ende des Telefonats ab.

Sarkowski ist Mitte Dreißig. Ein guter Mann. Als Kriminalist. Ansonsten ein Hallodri. Am Beginn seiner Laufbahn bei der Görlitzer VP stand eine Parteistrafe. Sarkowski war fremdgegangen. Nach einer Feier, wo, wie üblich, ganze Flaschenbatterien geleert worden waren, hatte er sich mit einer jungen Kollegin seitwärts in die Büsche geschlagen. Beide waren verheiratet, allerdings nicht miteinander. »Die Partei« fühlte sich für alles zuständig, auch für die Moral. Zudem war »die Partei« ziemlich prüde und diesbezüglich etwas spießig, weshalb dieser außereheliche Koitus, von dem offenkundig ein Tugendwächter Kenntnis nahm und Mitteilung machte, Gegenstand zweier Parteiverfahren wurde. Nun war »die Partei« nichts Abstraktes, sondern es handelte sich um konkrete Menschen mit sehr unterschiedlichen Charakteren, mit so'nen und solchen, und je nachdem, ob die eifernden Moralapostel oder die Nachsichtigen und Toleranten in der Mehrzahl waren, verliefen auch die Versammlungen entsprechend. Das Urteil der Inquisition war analog. Dieses Votum musste anschließend Gnade vor den Augen der Kreisleitung finden oder kam zur Nachbesserung in die Parteiorganisation zurück. Die Auswahl der erzieherischen Maßregelungen (welche auch von staatlichen Maßnahmen begleitet wurden) war, wie alles in der DDR, bescheiden. Es gab die Rüge, die Strenge Rüge und den Ausschluss aus der Partei.

Die beiden Fremdgänger kamen, wegen ihres Alters, wie es ausdrücklich hieß, mit einer Rüge davon. Diese war nach einiger Zeit, wie üblich, aus den Akten gelöscht worden, und beider Beförderung auf der Dienstlaufbahn stand fürderhin nichts mehr im Wege. Doch die Sache wirkte nach. Eigentlich hätte Sarkowski schon Oberleutnant sein müssen.

Krause hatte sich damals schützend vor Sarkowski und die junge Kollegin gestellt, was nicht nur ihrem Aussehen geschuldet war. Aber es wäre fernab der Realität, würde man annehmen, dass dies bei Krause überhaupt keine Rolle gespielt hätte. Man solle gefälligst die Kirche im Dorf lassen, hatte er damals gesagt, und akzeptieren, dass wir alle keine Mönche oder Nonnen seien. Ja, rief daraufhin ein Naseweis, wir sind Genossen! – Ach nee, entgegnete Krause ironisch, und die unterliegen einem noch strengeren Zölibat als die Kuttenträger? Das Gelächter trug wesentlich zur Entspannung bei und wohl zu einem milden Urteil.

»Na, Klaus, was liegt an«, erkundigt sich Krause, als sein Kollege endlich den Hörer auflegt. Dessen Ohr weist eine dunkelrote Färbung auf. So fest hatte er die Muschel an den Kopf gepresst.

»Tach auch«, sagt Sarkowski und reißt den Zettel vom Block. »Das glaubst du nicht.«

»Was soll ich nicht glauben?«

»Wir haben zwei Tote.«

»Unfall.«

»Nee, Mord.« Sarkowski bedient die Scheibe am Telefonapparat, sie ratscht vernehmlich beim Zurückdrehen. Krause schweigt und schaut zu, er will nicht stören. Er kennt das Prozedere: Dienstwagen bestellen, Kollegen und Kriminaltechnik in Trab setzen, Notarzt rufen und den Staatsanwalt informieren. Das volle Programm. Auf diese Weise bekommt er selbst gleich mit, was los ist. Da muss er nicht extra um Ausführungen bitten.

Aha, denkt er beim Mithören. Ein Tötungsdelikt mit vermutlich zwei Opfern in der Stadt. Das gab es lange nicht. Hatten wir überhaupt jemals einen Doppelmord? Krause muss lange in seiner Erinnerung wühlen, ehe ihm ein solcher Fall vors geistige Auge tritt. Handelt es sich überhaupt um einen Doppelmord? Man wird sehen.

Sarkowski spult das Programm professionell ab, als wäre dies seine tägliche Übung. Krauses Anerkennung ist ihm sicher. Ruhig und ohne sonderliche Erregung spricht er seine Ansagen in den schwarzen

Bakelithörer. Nachdem der letzte Anruf getätigt ist, erhebt sich Sarkowski rasch. Während er suchend auf dem Schreibtisch umherblickt, fragt er kurz: »Übernimmst du?«

»Natürlich. Das heißt …«

»Ach klar, du hast ja Stallwache.« Sarkowski schlägt sich an die Stirn. Nun hat er doch geschwächelt, die Aufregung hat ihn den Dienstplan vergessen lassen. Dann findet er, wonach er sucht. Die Taschenuhr war unter den Tischkalender gerutscht. Dieser zeigt Dienstag, den 17. Januar 1967.

»Ich sag Bescheid, dass jemand von der Bereitschaft den Operativen Diensthabenden übernimmt.« Krause greift zum Telefon. »Du hast Feierabend.«

»Lass mal. Das interessiert mich, ich komme mit. Feierabend ist täglich, Doppelmord selten.«

Vor den Stufen zum Amt knattert bereits der Barkas. Blaue Rauchschwaden fahren schubweise aus dem Auspuff. Die beiden Kriminaltechniker wuchten ihre Koffer ins Fahrzeug und schwingen sich hinterdrein. Sarkowski und Krause müssen noch warten. Dann quietschen die Bremsen eines buckligen Wolga. Alsbald versinken die beiden in den weichen Polstern auf der Rückbank.

»Melanchthonstraße«, kommandiert Sarkowski. Er ist gewohnt, Weisungen zu erteilen.

»Nummer?« Der Fahrer dreht sich um. Die Mundwinkel hängen nach unten. Das Gesicht freundlich zu nennen wäre ein wenig übertrieben. »Ich kann zwar Winterreifen besorgen, obwohl es keine gibt, und Werkstatttermine – aber Gedanken lesen kann ich nicht.« Das ist die Antwort auf die ein wenig herrische Ansage des Leutnants.

Sarkowski ist sich dessen bewusst und nuschelt eine Ziffer.

»Das ist doch kurz vor der Kreuzung Lutherstraße.«

»Keine Ahnung«, reagiert Sarkowski nun wieder etwas unwirsch. »Fahr schon endlich los.«

»Geht's etwa um Leben und Tod?«

»Nee, nur um Tod«, sagt Krause, der als Freund subtilen Humors in der Dienststelle bekannt ist. »Das heißt also, du musst nicht rasen – wir kommen ohnehin mal wieder zu spät.«

»Was heißt denn *mal wieder*?« Sarkowski nimmt es persönlich. »Als wenn ich was dafür könnte.«

Krause legt väterlich seine Hand auf den Unterarm seines Nachbarn. »Klaus, nun halt endlich die Luft an. Du bist ein wenig nervös, das ging mir in deinem Alter auch so, wenn wir an einen Tatort fuhren.« Und als müsste er ihn ablenken, wechselt er abrupt das Thema.

»Heute schon das Zentralorgan gelesen?«

Sarkowski schüttelt den Kopf. »Lese nur die *Sächsische Zeitung.*«

»War eine *ADN*-Meldung, die wird auch im Bezirksblatt gestanden haben.«

Sarkowski schweigt. Er weiß, dass ihm Krause gleich mitteilen wird, was dieser so sensationell fand. Er hat sich nicht getäuscht.

»Sie zitieren eine Sendung des westdeutschen Fernsehens …«

»Das müssen sie ja auch. In Görlitz kriegen wir es nicht rein …« Sarkowski flüchtet sich in Sarkasmus.

»Sei froh – wir dürften es ohnehin nicht sehen. So bleibt dir die Entscheidung erspart, ob du den einen oder den anderen der beiden Kanäle nimmst.« Krause höhnt nicht minder bissig. Auch ihn ödet das parteilich verordnete Verbot an. Polizisten, Lehrern, Soldaten, Grenzern ist es untersagt, sich beim Klassenfeind zu informieren. Genossen sowieso.

»Und, was zitieren sie nun Aufregendes?«

»So ein Oberpostbeamter in Hannover hat in einer Sendung erklärt, dass in jedem Monat etwa eine halbe Millionen Postsendungen aus der DDR in seiner Behörde angehalten, kontrolliert und zum großen Teil vernichtet werden. Man beruft sich dabei auf das Verbringungsverbotsgesetz.«

»Glaubst du das?«

»Was? Dass sie drüben systematisch Briefe durchschnüffeln?«

Sarkowski nickt. »Kann ich mir nicht vorstellen. Das klingt mir sehr nach Propaganda.«

Krause hängt seinen Gedanken nach. Er hält es für möglich. »Das stand als Meldung auf der ersten Seite, kannst du nachsehen.«

»Was beweist das?«

»Da sie den zuständigen Regierungsdirektor der Oberfinanzdirektion mit Namen nennen, wird's wohl stimmen. Vielleicht ist die Zahl der konfiszierten Sendungen übertrieben – angeblich 99 Prozent der geöffneten werden vernichtet. Aber vom Prinzip her halte ich das für möglich.«

Nach einer Pause sagt Sarkowski erleichtert: »Von mir sind keine Briefe dabei. Wir dürfen ja keine Westkontakte haben.«

»Warum wohl.«

Wieder schweigen beide.

»Eine halbe Million?« Sarkowski stößt hörbar Luft aus. »Merkt das denn keiner?«

Hauptmann Krause hebt die Schultern. »Merken vielleicht schon. Die meisten werden allerdings ver-

Eine halbe Million DDR-Postsachen vernichtet

Hannover (ADN). Allmonatlich werden über eine halbe Million Postsachen aus der DDR von den westdeutschen Behörden in Hannover angehalten, unter dem Bruch des Postgeheimnisses durchschnüffelt und fast ausnahmslos beschlagnahmt. Diese skandalöse Tatsache ging am Montag aus einer Sendung des westdeutschen Fernsehens hervor. Der zuständige Regierungsdirektor der Oberfinanzdirektion von Hannover, Dr. Stenger, bezifferte die ihm vorgelegten Sendungen mit „etwa 500 000 bis 550 000 Sendungen pro Monat". „Die genaue letzte Zahl ist 517 000."

Nach Angaben dieses Regierungsdirektors werden 99,064 Prozent der geöffneten Sendungen beschlagnahmt. Bei einem „Arbeitsanfall" von beispielsweise 10 000 pro Tag seien nur drei Briefe, die nicht beschlagnahmt und damit vernichtet werden. Weiter wurde festgestellt. „Laut Gesetz ist es gestattet, Briefe aus der DDR zu öffnen und den Inhalt zu beschlagnahmen. Dieses Gesetz heißt ‚Verbringungsverbotsgesetz'."

ADN-Meldung vom 17. Januar 1967, am Tage, als der Mord in Görlitz geschah

16

muten, dass andere daran schuld sind, wenn sie die Post nicht erreicht …«

»Das fürchte ich auch«, sagt Sarkowski und klopft dem Fahrer auf die Schulter. »Da vorn rechts halten.«

»Wo der Mann steht?«

»Genau. Der hat angerufen. Ich habe ihm gesagt, dass er vorm Haus warten soll.«

Der Wolga hält im Zentimeterabstand neben dem Bordstein. Hinter ihm stoppt der Zweitakter mit der Kriminaltechnik. Die beiden Kriminalisten mühen sich aus der »Russensänfte«. Krause schließt sofort den Mantel, es ist unverändert kalt und trüb.

»Herr Schwitter?« Sarkowski begrüßt den Mann mit Handschlag, der am Vorgartenzaun wartet. Der trägt eine Wattejacke und eine Pelzkappe, deren Ohren mit Bändsel lose nach unten hängen. Neben seinen Füßen steht ein Werkzeugkoffer. Er merkt den Blick des Kriminalisten. »Ich überprüfe im Auftrag der Stadt die Stromeingänge in die Häuser. – Schwitter, ja.« Er reicht auch Krause die Hand.

»Erzählen Sie mal.«

Schwitter räuspert sich. »Wie ich schon am Telefon sagte, hat es hier mehrmals im Haus geknallt, als ich aus dem Nachbargebäude kam.« Wie zur Bekräftigung weist er auf das Haus nebenan. »Kurz, trocken, baff, baff, baff … Wie Pistolenschüsse.«

Krause verzieht ein wenig mokant das Gesicht. »Woher wollen Sie das wissen?«

»Ich bin bei der Kampfgruppe. Da schießen wir manchmal mit der Makarow.«

»Ach so.«

»Sie hörten die Schüsse und sind dann gleich ins Haus gelaufen. Stand die Tür offen?«

»Hier schließt doch niemand die Haustür ab.« Der Elektriker lächelt. »Wo leben wir denn.«

Krause mustert den grau verputzten Bau. Daneben ist eine überbaute Hauseinfahrt. »Gehört das noch zum Grundstück?«

Schwitter nickt. Hinten habe Max Junge seine Schlosserei gehabt. Er sei in den 50er Jahren gestorben, seine Frau vor ein paar Jahren. Die Tochter hat dann Wohnung und Werkstatt übernommen.

»Sie kennen sich hier aus.« Sarkowski drängt zum Hauseingang, er ist nicht zum Plaudern gekommen. Außerdem hat er Feierabend.

»Ich wohne um die Ecke. Hier kennt jeder jeden.« Das klingt fast wie eine Entschuldigung. Schwitter stapft den beiden hinterher, Sarkowski dreht sich tadelnd um. Krause macht eine beschwichtigende Geste. Das ist wirklich albern, den Mann vor der Tür stehen zu lassen. Er war schließlich bereits im Haus und weiß folglich, was sie drinnen erwartet.

Die Kriminaltechniker hingegen bleiben im Auto. Sie handeln nur auf Befehl. Und der ist noch nicht gegeben. Also warten sie, bis sie gerufen werden.

Sarkowski stößt die Wohnungstür im Erdgeschoss auf, als fürchte er dahinter etwas, das ihn anfallen könnte. Fehlte bloß noch, dass er die Dienstwaffe zieht, denkt Krause. Die Holztür dreht sich schwer in der Angel und gibt den Blick frei in einen Flur, der die Bezeichnung Diele nicht verdient. Flurgarderobe, Spiegel, Anrichte, Hängelampe von der Decke, zwei, drei gerahmte Drucke an der Wand. Vier Türen. Küche, Klo, Keller und die »Gute Stube«. Krause kennt sich aus. Egal, wie diese Häuser draußen ausschauen, innen gleichen sie sich alle. Dem Augenschein nach stammt auch dieses Haus aus den 30er Jahren. Die Nazis wollten durch Sozialmaßnahmen die Massen hinter sich bringen, dazu gehörte auch der geförderte Wohnungsbau.

Das Haus in der Melanchthonstraße

Die Zimmertür am Endes des Flures ist offen.

»Da«, sagt Schwitter und weist mit dem rechten Arm in diese Richtung. »Da habe ich sie gefunden.«

Sarkowski geht über den Läufer auf das Wohnzimmer zu, ohne nach links oder rechts zu schauen. Warum auch. Das kann man später immer noch.

Ein leicht süßlicher Geruch hängt im Raum. Krause kennt ihn. So riecht Blut, ehe es gerinnt. Es ist keine Stunde her, dass es geflossen sein muss.

Das Wohnzimmer sieht aus wie die meisten, die Krause kennt. Zwei Fenster mit Gardinen, die weißen Stores enden knapp über den Dielen. Ein Esstisch mit vier Stühlen und geblümter Tischdecke, eine Art Sekretär mit einem Armlehnstuhl, darauf eine Schultasche, ein schweres Vertiko mit Glasaufsatz. Davor ein Teppich. Und darauf liegen sie. Unter der Frau, die auf dem Rücken liegt, ist Blut hervorgetreten und in den Teppich geflossen, der

Die Parabellum, die Tatwaffe am Tatort

Pullover auf der Brustseite ist ebenfalls in der Mitte rot und weist ein Einschussloch auf. In Höhe ihres Kopfes liegt eine Pistole.

Daneben, wie schlafend dahingestreckt, ein Mädchen, die Arme auf dem Körper. Aus dem Kopf ist Blut ausgetreten, er ruht in einer Lache.

Es herrscht Totenstille im Raum. Sarkowski und Krause verharren am Eingang, der Anblick der beiden Leichen verschlägt ihnen die Sprache. Was ist hier geschehen? Und was ging der Bluttat voraus?

Nahezu auf Zehenspitzen, als fürchteten sie die Stille zu stören, betreten die beiden Kriminalisten das Wohnzimmer. Schwitter bleibt an der Tür stehen. Er weiß, dass er drinnen nichts verloren hat und er den beiden nicht vor die Füße trampeln sollte.

Vor der Leiche der Frau geht Sarkowski in die Knie. Er legt zwei Finger an die Halsschlagader, um sich zu vergewissern. Er nickt. Dann richtet er sich wieder auf. Das Mädchen ist ebenfalls tot, das muss er nicht überprüfen. Deutlich ist die Einschussöffnung an der rechten Schläfe zu erkennen. Auf der linken Seite ist die Kugel ausgetreten und hat den Schädel merklich aufgerissen.

»Neun Millimeter«, sagt Krause. Er kennt die Pistole. Er trug sie als junger Polizist in der Weimarer Republik, und auch nach dem Krieg war die 08 bei der Polizei im Gebrauch, weil es noch keine anderen Waffen gab und reichlich von diesem Modell existierten. Die Parabellum wurde von 1908 bis 1945 gefertigt und war darum eine der meistproduzierten Pistolen der Welt. Sie ist noch immer bei der VP im

Einsatz, wobei inzwischen auch andere Handfeuerwaffen im Dienstgebrauch sind. Krause trägt seit drei Jahren die Pistole 1001, das ist der DDR-Nachbau der Walther PP. Schließlich wurde die Waffe in den 20er Jahren von der Carl Walther GmbH in Zella-Mehlis entwickelt. Und Zella-Mehlis liegt im Thüringer Wald, Bezirk Suhl. Wie Krause gehört hatte – denn zu sehen gab es die seit 1962 gedrehten Bond-Filme in der DDR nicht – trug 007 ebenfalls eine Walther PPK. Doch im Unterschied zum Agenten des britischen Geheimdienstes hat Krause seine Kanone noch nie außerhalb des Schießstandes benutzt. PPK, so heißt es, stünde für »Polizeipistole Kriminal«, auch wenn die Bezeichnung »Polizeipistole kurz« weitaus populärer, aber eben falsch ist.

Hans Krause unterbricht seinen Gedankenfluss und spricht ein wenig von oben herab auf Sarkowski, der noch immer vor dem Leichnam des vielleicht 15-jährigen Mädchen hockt: »Klarer Fall, wir sollten die Kriminaltechniker rufen.«

Die beiden streben der Tür zu, an deren Rahmen noch immer Schwitter lehnt.

»Wir setzen uns in die Küche«, sagt Sarkowski. »Ich muss Ihre Daten und die Aussagen fürs Protokoll aufnehmen. Das bedeutet nicht, dass Sie vielleicht nicht doch ins Präsidium kommen müssen. Das hängt von den Ermittlungen ab.«

»Verstehe. Sie müssen erst feststellen, ob es Mord oder Selbstmord war.« Schwitter nickt zur Bekräftigung mit dem Kopf. Ein wenig kennt er sich damit aus, obwohl er selbst, wie er einräumt, noch nie in

Der Tatort. Die Leiche der Mutter ist bereits entfernt, die Umrisse sind auf dem Teppich markiert. Dahinter die tote Tochter (2). Die Pistole ist mit 3 markiert

seinem Leben einen Toten gesehen hat. Keinen natürlich Verstorbenen, schon gar nicht jemanden, der gewaltsam zu Tode kam.

Krause winkt unterdessen die Kriminaltechniker herein. Sie müssen alle Spuren am Tatort dokumentieren und nach Details suchen. Sie sind Profis und wissen, worauf es ankommt. Man muss ihnen nicht sagen: Nehmt die Fingerabdrücke von der Waffe und von der vermeintlichen Schützin, sucht nach Schmauchspuren an der Hand, nach Projektilen im Zimmer, fotografiert die Leichen und deren Lage ... Das wissen sie von allein.

Krause bleibt draußen, an der frischen Luft. Woher kommt die Waffe, fragt er sich unentwegt. Das

Beate Adler (r.) mit Freunden, drei Jahre vor ihrem Tod

scheint ihm die vordringlichste Frage zu sein, die ihn bedrängt. Die Beantwortung der anderen – wer hier schoss und warum? – hält er eher für nebensächlich. Die beiden sind tot, die Frau und ihre Tochter werden nicht dadurch lebendig, dass die Motive der Mordtat bekannt sind. Das ist nur noch fürs Protokoll. Für Krause ist klar, dass die beiden Personen allein im Raum waren, als die Schüsse fielen. Ein Dritter war nicht beteiligt. Die Fenster sind verschlossen, und Schwitter hat niemandem aus dem Haus kommen sehen, nachdem die Schüsse fielen, sonst hätte er es gesagt. Und ins Obergeschoss wird keiner geflüchtet sein, bevor der Elektriker ins Haus kam: Warum hätte er das tun sollen? Völliger Quatsch, unlogisch.

Inzwischen trifft auch die Schnelle Medizinische Hilfe und mit einem zweiten Fahrzeug der Staatsanwalt ein. Einige in der Nachbarschaft stecken mittlerweile die Köpfe neugierig aus den Fenstern. Solch großer Bahnhof ist selten in der Melanchthonstraße. Zumeist sind es alte Leute, Rentner, die wissen wollen, was da vor sich geht. Die meisten Anwohner sind um diese Zeit auf Arbeit.

Dem Arzt gibt Krause zu verstehen, dass er allenfalls noch den Totenschein ausstellen könne, hier komme jede Hilfe zu spät. Sie könnten aber, sobald die Kriminaltechniker ihre Arbeit getan hätten, die beiden Leichen in die Pathologie überführen. Er meine, dass die Obduktion hier und nicht in Dresden in der Gerichtsmedizin erfolgen könne, denn der Sachverhalt wäre wohl eindeutig.

»Meinen Sie?«, fragt der Staatsanwalt, der hinzugetreten ist.

»Ja, meine ich«, entgegnet Krause, der den jungen Schnösel nicht mag. Der kam erst unlängst von der Hochschule und glaubt nun, Leuten wie ihm zeigen zu müssen, wie der Hase laufe. Jungchen, hatte sich Krause gedacht, als sie erstmals aneinander gerieten, da musst du erst noch hinriechen, wo ich bereits überall meine Notdurft verrichtet habe. Natürlich hatte er das in Gedanken wesentlich drastischer formuliert, aber auch mit dieser Wendung wird die Ablehnung des akademischen Wichtigtuers deutlich. Wer ist er denn, dass sich dieser Fatzke eine solche Lippe erlauben darf? Krause holt tief Luft.

»Genosse Staatsanwalt, in dem Haus liegen eine tote Frau und deren Tochter, und ich bin davon überzeugt, dass die Frau erst ihre Tochter und dann sich selbst erschossen hat. Warum sie das tat, wissen wir nicht. Das werden wir ermitteln und Sie auf dem Laufenden halten.«

Der Staatsanwalt reagiert darauf nicht. Er geht achtlos an Krause, dem Fossil, vorüber. Der hat doch bestimmt schon unter den Nazis Dienst geschoben, verrät die in Falten gelegte Stirn seine Gedanken, die dahinter kreisen. Es ist an der Zeit, sich dieser belasteten Generation endlich zu entledigen.

Krause bleibt stehen und sieht dem Stutzer nach. Schneller als er vermutete ist dieser wieder draußen bei ihm auf der Straße. Er kann sich den Hohn nicht verkneifen.

»Kein feiner Anblick, nich?«

Der Staatsanwalt hält sich ein Taschentuch vor den Mund, als wolle er sich übergeben. Er ist sichtlich blasser als bei der Ankunft, seine Entschlossenheit hat sich verflüchtigt wie der Qualm aus den Schornsteinen. Er ist weg, aber man riecht ihn dennoch.

»Das ist ja widerlich! Das muss sofort aufgeklärt werden! Vor allem: Woher stammt die Waffe?«

»Sehen Sie, Genosse Staatsanwalt«, sagt Krause und betont dabei das Wort *Genosse*, denn dieser offenkundig karrieregeile Mensch ist nicht *sein* Genosse. »Das frage ich mich auch schon, seit ich die Pistole gesehen habe.«

»Was ist das überhaupt für ein Revolver?«

Offenkundig hat man den Juristen an der Hochschule weder den Unterschied zwischen Pistole und Revolver erläutert noch ein paar gängige Modelle gezeigt. Genüsslich, ohne zu sehr den Oberlehrer herauszustellen, erteilt Krause Nachhilfeunterricht.

»In der DDR ist Privatpersonen der Besitz einer Schusswaffe nicht erlaubt, es gilt das Gewalt- und Waffenmonopol des Staates«, kommentiert der Staatsanwalt ungerührt Krauses Ausflug ins Waffenwesen. »Ich darf Sie darauf hinweisen, dass die DDR das Verdikt der Alliierten übernommen hat: Nach dem Krieg sollten aus naheliegenden Gründen Deutsche keine Waffen tragen dürfen. Die ersten Polizisten zogen mit Knüppel auf Streife.«

»Sie waren ja dabei.« Krause bewegt sich auf seinem Terrain, das macht ihn selbstbewusst und sicher. »Aber dieser Frage, woher die Waffe stammt, müssen wir unbedingt nachgehen. Da stimme ich Ihnen unbedingt zu.«

»Weiß man schon etwas über die Frau?«

»Wir sind seit einer Viertelstunde hier. Wir stehen erst am Anfang der Ermittlungen.«

Der Staatsanwalt knickt in der Hüfte ab und mustert das Schild über dem Klingelknopf. »Adler«, liest er laut.

»Ja, das ist der Familienname der Frau, eine geborene Junge. Das stand im Ausweis, den ich sichergestellt habe.« Krause holt aus der Manteltasche das blaue Dokument hervor, das er beim Hinausgehen aus der Schüssel auf der Fluranrichte gefischt hatte.

»Zeigen Sie mal.« Der Staatsanwalt langt nach dem Papier, nachdem er das Taschentuch gefaltet und in der Hosentasche verstaut hat. Aufmerksam blättert er jede Seite um. »Bettina Adler, geborene

Das Projektil bohrte sich ins Vertiko

Junge, Geburtsdatum 23. September 1930, Familienstand: geschieden.« Der Staatsanwalt schlägt die Seite mit dem Passbild um. »Ist das da drin ihre Tochter?« Er macht eine leichte Kopfbewegung in Richtung des Hauses.

»Ja, vermutlich. Der Zeuge, der die beiden gefunden hat, meinte jedenfalls, dass es sich um Beate handele, die Tochter. Sie hätte in diesem Jahr Jugendweihe gehabt.«

»Woher will er das wissen?«

»Weil sein Junge mit Beate Adler in eine Klasse geht, Genosse Staatsanwalt.« Und schon wieder fließt Galle in die Anrede. Der Staatsanwalt jedoch merkt es nicht, er ist vom Jagdeifer gepackt.

»Verwandte, Bekannte, Freunde?«

Nun wird es Krause zu bunt. »Woher soll ich das wissen?«, faucht er verärgert.

Der Staatsanwalt hebt leicht indigniert den Blick vom Ausweis und schaut Krause ins Gesicht. Doch ehe er etwas sagen kann, kommt Sarkowski aus dem Haus. Ihm folgt Schwitter auf dem Fuße.

»Wir können los«, ruft der Leutnant aus dem Vorgarten. »Die KT braucht noch eine Weile. Beim Abtransport der Leichen brauchen wir nicht dabeizusein, und die Befragung der Nachbarn kann der ABV machen.«

»Wieso vernehmen Sie nicht selbst die Nachbarn?«, empört sich der Staatsanwalt.

»Weil die Nachbarn, wenn überhaupt, nur sagen können, was wir längst wissen: Es hat ein paar Mal geknallt.« Krause geht die Fragerei dieses Einfaltspinsels erkennbar auf den Senkel.

Der hebt den Zeigefinger und bewegt diesen leicht hin und her. »Ich würde die Hypothese, dass es sich um einen Doppelmord handelt, der – unter Zurücklassung der Waffe – als Suizid und Familiendrama kaschiert wurde, nicht sofort begraben. Wir müssen in alle Richtungen ermitteln, auch in diese.«

Krause sieht, wie Sarkowski die Augen verdreht, dann aber – nach seinem Geschmack eine Spur zu servil – zustimmt. Alles sei denkbar, sagt Sarkowski, und selbstverständlich würde auch diese Möglichkeit in Betracht kommen und als Spur verfolgt werden.

Krause hat bereits die Frage auf den Lippen »Welche Spur?«, schluckt sie allerdings herunter, denn er mag nicht den Disput mit dem Staatsanwalt fortsetzen, schon gar nicht in der Januarkälte. Es gibt Dutzende Gründe, endlich ins Auto zu steigen und ins VPKA zurückzufahren, um ein Konzept zu erarbeiten, wie vorzugehen ist. »Wir verabschieden uns dann mal«, sagt er, reicht dem Staatsanwalt die Hand und schiebt süffisant nach: »Sie können sich ja noch etwas am Tatort umschauen. Wenn Sie möchten.«

Der Staatsdiener bleibt die Antwort schuldig und entlässt die beiden Kriminalisten mit dem Standardsatz, dass er über den Fortgang der Ermittlungen laufend unterrichtet zu werden wünscht.

Seine Drohung kommt bei den beiden an, als die sie auch gedacht ist.

Sobald sich der Wolga in Bewegung gesetzt hat und der Vertreter der Staatsmacht aus ihrem Blickfeld verschwunden ist, hebt Sarkowski an. »Was hast du mit dem Lackaffen?«

»Du sagst es: Es ist ein Lackaffe.«

Sarkowski hängt dem Gedanken nach. »Wir sollten ihm keinen Grund liefern, dass er die Keule rausholt.«

Die Tatwaffe: die Pistole 08, auch Parabellum oder Luger genannt, Kaliber 9 mm, produziert 1938

»Was für eine Keule? Wir machen unsere Arbeit wie immer und lassen uns nur nicht reinquatschen. Der tut so, als müsse er uns lehren, wie man mit Messer und Gabel isst. Dabei weiß er noch nicht einmal eine Pistole von einem Revolver zu unterscheiden.« Aus Krause entweicht der ganze Unmut, welcher sich in den letzten Monaten angehäuft hat. Die aktuelle Begegnung mit dem Staatsanwalt ließ allenfalls das Fass überlaufen.

So rasch, wie er sich erregte, endet auch der Ausbruch. Krause reagiert wie eine Flasche Selters beim Öffnen: Es zischt, die Blasen perlen, doch alsbald ist der Druck dahin und das Wasser still. Es prickelt allenfalls noch beim Trinken auf der Zunge.

»Wir sollten den Ex-Mann ausfindig machen und befragen, desgleichen Arbeitskollegen, die Schulfreundinnen von dem Mädchen, so es welche gibt. Wir müssen das ganze soziale Umfeld der Frau durchforsten, um herauszubekommen, was da vorgefallen ist. Wieso erschießt eine Mutter ihr Kind und dann sich selbst?«

Krause grient. »Sollten wir nicht in Richtung Doppelmord ermitteln und nach einem unbekannten Täter suchen?«

Sarkowski grinst zurück. »Nun lass mal die Kirche schön im Dorf. Auch ich kann zwei und zwei zusammenzählen und sage: Hier schoss kein Dritter!«

»Ich werde mich zudem auf die Pistole konzentrieren. Wo, sagtest du, hat die Frau gearbeitet?«

»Ich habe dazu überhaupt nichts gesagt, kann es jetzt aber nachholen: bei der Post. Das hat Schwitter berichtet. Sie sitzt bzw. saß an einem Schalter der Hauptpost in der Nähe vom Bahnhof.«

»Die Briefträger tragen meines Wissens keine Waffen, obwohl sie angesichts der vielen Köter manches Mal eine benötigten«, sagt Krause amüsiert. »Die Post scheidet schon mal als Waffenlieferant aus. Wenn du magst, kannst du mich am Postgebäude absetzen. Ich rede mal mit dem Chef. Der kann mir vielleicht etwas über seine Mitarbeiterin Adler sagen.«

»Ehemalige.«

»Jaja, seine ehemalige Mitarbeiterin. Ich werde ihn um Vertraulichkeit bitten.«

Sarkowski bläst die Backen auf. »Das wissen die dort doch schon längst! Was meinst du, wie rasch der Buschfunk in Görlitz trommelt.«

Das Gesicht von Krause verzieht sich. Natürlich weiß er das. Als der Konvoi vor dem Adler-Anwesen hielt, begann die Nachricht zu laufen, dass dort etwas Auffälliges geschehen sein musste. Spätestens wenn die Tragen mit den beiden Toten das Haus verlassen werden, gäbe es die Präzisierung. Ach, wo sonst wenig passiert, nimmt etwas Ungewöhnliches außerirdische Dimension an.

Der Fahrer hat offenkundig das Gespräch der beiden Kriminalisten verfolgt, er kann schlechterdings nicht auf Durchzug schalten. Er will wissen, ob er nun an der Post vorbeifahren soll oder nicht.

»Natürlich«, antworten beide wie aus einem Munde.

Sarkowski weiter: »Ich informiere intern unsere Chefs und den ABV, lasse die Adresse des geschiedenen Mannes aus dem Melderegister ziehen und warte, was du aus der Post mitbringst.« Nach einem kurzen Blick auf die Uhr schiebt er nach: »Jetzt ist es 14.30 Uhr, ich denke, dass du gegen 17 Uhr im VPKA zurück sein wirst.«

»Sag mal: Du hast seit über zwei Stunden Feierabend.« Krause schüttelt sein massiges Haupt. Der Einwurf ist gleichermaßen ernsthaft wie ironisch.

»Feierabend habe ich täglich. Einen solchen Fall vielleicht nur einmal im Leben.«

»Und wieso glaubst du, dass es *dein* Fall ist? Der Chef kann auch jemand anderes damit beauftragen. Und wenn er Dresden informiert, was er tun muss, ist nicht auszuschließen, dass der Bezirk uns eine Morduntersuchungskommission ins Haus schickt. Dann dirigieren die alles und wir sind nur noch ihre Wasserträger.«

»Das nehme ich nicht an, die schicken keine MUK« hält Sarkowski dagegen. »Erstens sind auch bei der BDVP die Leute knapp, zweitens ist der VII. Parteitag erst im April, und drittens sehe ich keinen politischen Hintergrund für die Tat. Also alles keine Momente, weshalb man den Fall zur Chefsache machen und auf Tempo drücken wird.«

Sarkowski weiß, auch wenn er noch nicht so lange wie Krause bei der K ist, dass sich bei politischen Höhepunkten die Kreisleitung der SED in ihre Arbeit einschaltet. Der Leiter des VPKA gehört qua Amt dem lokalen Führungsgremium der Partei an, das insbesondere bei Fällen Druck macht, mit deren erfolgreicher Aufklärung die Görlitzer Parteispitze höherenorts Punkte zu sammeln glaubt. Und die Bezirksleitung in Dresden wiederum in Berlin. So funktioniert das in hierarchisch strukturierten Organisationen. Alles geschieht mit der Begründung, dass sich *die Partei* für alles im Lande verantwortlich fühlt, und mit der Maßgabe: Alles für die Sicherheit *unserer Menschen*! Wir kümmern uns darum, dass diese ihrem friedlichen Tagwerk nachgehen können – ohne Angst und Sorgen vor Überfällen, Diebstahl und anderen Ärgernissen.

Dennoch ist sich Sarkowski nicht sicher. Ganz auszuschließen ist es nicht, dass sich die Kreisleitung melden wird. Denn zwei Tote, ermordet mit Pistolenschüssen anno 1967, sind gewiss so ungewöhnlich und selten wie ein Nobelpreis für einen Wissenschaftler oder Schriftsteller aus der DDR: Den gab's nämlich bisher noch nie.

Interessieren werde man sich dort schon, entgegnet Krause, aber das Interesse wird von anderer Art sein als üblich. Das ist, nach seiner, also Krauses Überzeugung eine Beziehungstat oder etwas Vergleichbares, kein Raubmord oder dergleichen. Und Beziehungstaten sind ohne gesellschaftliche Relevanz, sie haben nichts mit dem Sozialismus zu tun. »Wenn jemand durchdreht, ist das privat, verstehst du. Das ist was für den Pfarrer, nicht für den Parteisekretär.«

Der Wolga stoppt vor dem Postgebäude. Das ist ein imposanter Bau aus der Kaiserzeit, eine Kathedrale der Macht wie der Bahnhof daneben. Krause rappelt sich mit seinen kurzen Beinen aus dem Fond

34

und wirft mit Schwung die Tür zu, weshalb er nicht mehr den Fahrer vorwurfsvoll knurren hört: »Mann, das ist kein Trabant!«

Hans Krause schreitet die Treppe zum Portal hinauf und drückt die Pendeltür auf. Die Halle dahinter wird von einem Tresen halbiert. Dahinter sitzen in gleichmäßigen Abständen Frauen in dunkelblauer Uniform. Nahezu alle Schalter sind besetzt, die Schlangen davor unterschiedlich lang. Besonders viele Menschen warten dort, wo die Telefongespräche vermittelt werden. Es gibt nur zwei Zellen, und man muss am Schalter die Nummer ansagen und den Charakter des Telefonats. Besonders langwierig sind die R-Gespräche. Da muss erst die Gegenseite gefragt werden, ob sie erstens das Gespräch annehmen und zweitens auch bezahlen will. Und bei der Gegensprechstelle – sofern es sich nicht um Verwandte in Westdeutschland handelt, die einen eigenen Telefonanschluss besitzen – wartet derjenige neben dem Amtsapparat, der zu einer bestimmten Zeit an einem bestimmten Tag angerufen werden möchte. Das alles wird vorher verabredet. Per Brief oder Telefon. Ach, die Telekommunikation ist anno '67 noch eine ziemlich komplizierte Sache.

Krause tritt, um nicht Protest zu provozieren, an einen Schalter, vor dem kaum Menschen stehen.

»Wo finde ich den Leiter der Dienststelle«, erkundigt er sich höflich bei der Dicken, deren massiger Busen über den Briefmarken schwingt. Die Postwertzeichen ruhen in einem dicken Buch, fein sortiert nach den Ziffern, die auf den bunten Bildchen

Die Hauptpost neben dem Bahnhof, Aufnahme 2014

aufgedruckt sind. Die Postkarte kostet zehn, der Brief zwanzig Pfennig Porto. Die Frau hinterm Tresen reißt auf Zuruf eine bestimmte Menge Marken ab, schiebt sie über den Tresen und sortiert die Münzen oder Scheine in eine Kasse. Keine sonderlich befriedigende Tätigkeit, befindet Krause und wiederholt seine Frage, die offenkundig die Ohren der Briefmarkenmamsell nicht erreicht hat.

»Bin ja nicht taub!«, blafft die zurück, was Krause gewiss nicht angenommen hat. »Warten Sie gefälligst, bis Sie dran sind.«

Das ist ihm nun doch zu blöd, und Krause beendet die Diskretion, indem er seinen Dienstausweis zückt.

Die Dicke, wegen des vermutlich hohen Blutdrucks ohnehin ein wenig rotgesichtig, verfärbt sich merklich um einige Grade. Das Rosa wird in Sekundenbruchteilen zu Tiefrot, und aus der selbstbewussten Rede wird unsicheres Stammeln. Ja bitte, ja gleich, sagt sie, ich rufe gleich Postrat Schnell an, er werde den Besucher dort an der Tür abholen, raspelt sie servil weiter und weist zur Pforte in der hinteren Ecke des Saales.

Krause löst sich wortlos vom Tresen und strebt in die ihm gewiesene Ecke. Dutzende Augenpaare verfolgen seinen Gang, er spürt die Blicke in seinem Rücken. Genau das hatte er vermeiden wollen, nicht um seiner selbst willen, sondern im Interesse des Hauses. Aber wenn dieses in Gestalt der uniformierten Matrone das Angebot ausschlägt, müssen die Beteiligten die Folgen tragen.

Noch ehe er die Tür erreicht hat, öffnet sich diese. Ein grauhaariger Mann, nein, ein Herr im Maßanzug tritt hervor, am Revers trägt er das Parteiabzeichen.

»Genosse Krause?«

Krause nickt. »Und du bist der Genosse Schnell?«

Wenn er etwas besonders in seiner Partei schätzt, dann ist es der Umstand, dass alle Mitglieder – egal, ob sie sich kennen oder nicht, ob sie ein Amt haben oder auch keins – sich unkompliziert mit Du anreden. Das schafft Vertrauen und verhindert, dass Hürden aufgerichtet werden. Nur manchmal ist die Duzerei dämlich. »Sie Arschloch« klingt natürlich viel schärfer und distanzierter als »Du Arschloch«.

Die beiden reichen sich die Hand zum Gruß, Postrat Schnell lotst ihn durch das Labyrinth von

Fluren, ehe sie sein Büro erreichen. »Kaffee?«, fragt er und will seiner Vorzimmerdame ein Zeichen geben, doch Krause dankt. Nein, nur keine Umstände, er sei ohnehin dienstlich da.

Ob die Dienstvorschrift ihm untersage, eine Tasse Kaffee mit ihm zu trinken, hält Schnell dagegen, was nun Krause wieder gefällt. Er schätzt Ironie, weil die Geist voraussetzt. Und kluge Menschen sind ihm lieber als ungebildete.

Krause kapituliert.

Der Kaffee schmeckt, das merkt er bereits beim ersten Schluck, kein Sud aus dem Automaten, die jetzt in Mode gekommen sind und wo die braune Brühe den ganzen Tag köchelt, bis sich einer erbarmt und davon trinkt.

»Genosse Schnell«, beginnt Krause vorsichtig, nachdem die Sekretärin die Tür von außen mit der Order im Ohr geschlossen hatte, keine Telefonate durchzustellen und Besucher abzuwimmeln, »bei dir arbeitet eine Bettina Adler.«

Schnell nickt und fragt sofort: »Was ist mit ihr?« Denn die Polizei würde sich nach der Kollegin gewiss nicht erkundigen, wenn es nicht etwas gäbe, was zwischen ihrem Vorgesetzten und einem Hauptmann der hiesigen Kriminalpolizei beredet werden müsste.

»Sie ist tot.« Kraus spielt mit offenen Karten. Er weiß keinen Grund, es nicht zu tun.

Postrat Schnell sackt noch tiefer in den Sessel, als er ohnehin schon sitzt. Sein Gesicht wird aschfahl wie die Tapete, dessen einziger Schmuck das Konterfei des Staatsratsvorsitzenden ist. »Suizid?«

Krause ist überrascht. »Wie kommst du darauf? Gab es Hinweise, hat sie's schon mal versucht?«

Ach, sagt Schnell, das sei eine ziemlich lange Geschichte, und sie begänne vor seiner Zeit, er sei erst später dazugekommen und kenne die Anfänge nur aus den Erzählungen Dritter. Und auch nur darum, weil die Bettina wiederholt Gegenstand von Beratungen war, die er habe einberufen müssen.

Nur zu, ermuntert ihn Krause, er habe Zeit und sei, dank des vorzüglichen Kaffees, auch hellwach und aufnahmefähig.

Schnell rückt sich in Positur. »Die Bettina hat unmittelbar nach dem Krieg die Lehre begonnen. Die Kollegen, die damals schon hier waren, schätzten das Mädchen sehr. Bettina, damals hieß sie noch Junge, war offen, interessiert, couragiert, sie ging freundlich mit den Kunden um. Die hat das Zeug zu Höherem, meinten auch die Vorgesetzten und schickten sie unmittelbar nach dem Abschluss der Lehre gleich zur nächsten Qualifikation. Mit 20 war sie bereits Abteilungsleiterin in der Briefpostverteilung. Dann heiratete sie, bekam eine Tochter, übernahm auch noch den Paketdienst. Sie hatte ganz schön zu tragen. Der Vater, ein Asthmatiker, starb, glaube ich, Ende der 50er Jahre nach mehreren Schlaganfällen. Und die Ehe stand unter keinem sehr glücklichen Stern. Die dauernde Belastung im Dienst und der Ärger daheim führten zu einer längeren Krankschreibung. Die Ärzte diagnostizierten totale Überarbeitung bis zur körperlichen und geistigen Erschöpfung. Sie war, wie es damals hieß, völlig ausgebrannt. In jener Zeit übernahm ich die Leitung dieser Dienststelle.«

Schnell beugt sich nach vorn und greift zur Tasse.

»Und du hattest Sorge, dass dir ein Leitungskader und Leistungsträger abhanden kommen könnte?«, fragt Krause dazwischen.

»Ach, damals noch nicht. Das wird schon wieder, dachte ich, wir schicken das Mädel zur Kur und lassen es in gesunder Luft aufpäppeln. Doch dann kam ihr der Mann abhanden. Er studierte in Ilmenau, wollte Ingenieur werden, lernte dort eine andere kennen. Wie das eben so ist: anderes Städtchen, andere Mädchen … Dachten wir. Doch es muss noch andere Gründe für die Trennung gegeben haben, wie uns schien. Sie wirkte auch nach Krankschreibung und Kur antriebslos und schwach. Sie war nicht mehr jene Bettina, die wir so geschätzt hatten. Sie ließ sich merklich gehen, kam zu spät zur Arbeit, wirkte unausgeglichen, schwankte zwischen Euphorie und Niedergeschlagenheit. Wir erfuhren auch, dass sich der Mann um das Erziehungsrecht bemühte; er wolle ihr das Kind wegnehmen, erzählte sie einmal.

Wir haben ihr zugeredet, sich von Fachärzten mal auf den Kopf stellen zu lassen, was sie entrüstet von sich wies. Sie sei doch nicht verrückt, brüllte sie und war aus dem Sessel, in welchem du sitzt, aufgesprungen und gegangen. Dabei hatte ich an ein organisches und keineswegs psychisches Leiden gedacht.«

»Und, hat sie sich untersuchen lassen?«

»Hat sie. Sie war bei Prof. Kriegel …«

Krause pfeift durch die Zähne. »Dem Leiter der Fachklinik für Psychiatrie im Bezirkskrankenhaus, dort hinten bei der Lutherkirche?«

»Genau diesem. Was der bei ihr festgestellt hat, wissen wir nicht, hat uns auch nicht zu interessieren. Aber es schien sich zu bessern. Nach einem halben Jahr jedoch ging es wieder los. Ich musste sie als Leiterin ablösen, es ging nicht mehr.«

»Du hast sie sozusagen degradiert?«

»Notgedrungen. Ich habe Bettina bei den Kolleginnen lange Zeit verteidigt und auch gedeckt gegenüber unseren Vorgesetzten, bei denen sich die Beschwerden häuften. Ich handelte immer nach dem Grundsatz: Wenn einer schon am Boden liegt, soll man ihn nicht noch treten und tiefer stoßen, man muss ihm aufhelfen. Also setzte ich sie wieder an den Schalter, sie sollte sich dort gleichsam regenerieren.«

»Und, ging deine Überlegung auf?«

Schnell schüttelt den Kopf. »Fehlanzeige. Als dann '64 auch noch ihre Mutter starb, folgte ein völliger Zusammenbruch. Man wies sie in die Psychiatrie ein, geschlossene Anstalt sozusagen. Nach zwei Monaten wurde sie aber als geheilt entlassen.«

»Wer hat sich in dieser Zeit um die Tochter gekümmert?«

Krause notiert sich alle Stichpunkte, er ist dabei so akribisch wie beim Binden seiner Krawatten.

»Willst du noch einen Kaffee?«

Krause winkt ab. »Was war mit …«, er blättert ein paar Seiten zurück, »mit dieser Beate? Habt ihr euch um sie gekümmert, der Ex-Mann, oder wer?«

»Es gab oder gibt da eine Tante Anna, eine sehr viel jüngere Schwester der verstorbenen Mutter. Die kam nach Görlitz mit ihrem Hund …«

»Ein Hund?« Krause blickt von seinem Büchlein auf.

»Ja, von dem hat Bettina immer berichtet. Anna kam mit ihrem Schäferhund, und in den hatte sich Beate derart verguckt, dass die Tante bei ihrer Abreise den Hund in Görlitz lassen musste.«

»Weißt du, ob der Hund bis zuletzt im Haus war?«

»Ich nehme das an. Bettina, die wir nach ihrer Rückkehr aus der Anstalt auf einen Schonplatz setzten, hat jedenfalls nie erzählt, dass die Tante ihn wieder abgeholt hätte. Das hätte sie ganz gewiss getan. Alle Pausengespräche drehten sich nur um ihre Tochter. Beate hier, Beate da, über jede Schulnote wurde informiert, kein Lob der Lehrer ausgelassen. Beate ist ein aufgewecktes, sympathisches Mädchen. So wie ihre Mutter einst, erinnerten sich die älteren Kolleginnen, die damals schon bei der Post waren.«

»Besuchte Beate manchmal ihre Mutter auf Arbeit?« Krause verschweigt noch immer, das auch Beate tot ist.

»Selten.«

»Kam sie allein. Oder mit dem Hund?«

Postrat Schnell verzieht das Gesicht. »Hunde müssen grundsätzlich draußen bleiben.«

»Sie kann ihn draußen angeleint haben.«

Nein, das sei ihm nicht bekannt, reagierte Schnell mit einer Stimme, die seine ganze Aversion gegenüber Hunden hörbar machte. Manchmal sei sie aber in Begleitung gewesen. Und um der Frage zuvorzukommen: »Das war eine Schulfreundin, deren Vater mal bei Adlers zur Untermiete gewohnt hatte.«

»Stopp mal«, Krause hebt ein wenig verunsichert den Kopf, »bitte noch einmal langsam zum Mitschreiben: Bei Adlers gab es einen Untermieter? Und mit dessen Tochter war Beate befreundet?«

Schnell nickt.

»Gibt es diesen Untermieter noch?«

Der Postrat mit Maßanzug und Parteiabzeichen lächelt. »Es gibt ihn noch, aber er wohnt nicht mehr bei Bettina.«

»Wie das?«

»Das war ohnehin für den Übergang. Wie sie erzählte, handelte es sich um einen Berufsschullehrer aus Greifswald, der hier zwar eine Anstellung, aber keine Wohnung bekommen hatte. Und nachdem er eine zugewiesen bekam, zog er bei Adlers aus.«

»Lief da was zwischen den beiden?«

»Ich glaube nicht. Der Mann ist verheiratet, hat zwei Kinder …«

»Nana, was besagt das schon?«

»Du willst auf ein Eifersuchtsdrama hinaus?«

»Wie kommst du darauf?«

»Du hast eingangs gesagt, dass Bettina tot sei.«

»Aber mehr nicht. Und du hast sofort auf Suizid getippt, was ich weder bestätigt noch dementiert habe. Nun sagst du, Eifersucht sei im Spiel gewesen.«

»Nein, Genosse Hauptmann, das habe ich nicht gesagt. Du hast mich gefragt, ob etwas zwischen dem

Untermieter und der Vermieterin gewesen sei, womit du insinuiertest, da könnten Gefühle im Spiel gewesen sein. Ich sprach lediglich aus, was du dachtest.«

Krause hebt kapitulierend die Hände. »Ich nehm's zurück. Du hast recht.« In seinem Notizbuch jedoch macht er ein dickes Ausrufezeichen hinter den Stichworten »Untermieter« und »Eifersucht«.

»Kennst du seinen Namen.«

»Nein. Aber du kannst ja beim Einwohnermeldeamt oder in der Schule nachfragen, die Beate besucht. Du fragst nach ihrer Freundin, und schon hast du den Faden aufgenommen. Und was sagt sie selbst?«

»Nichts«, antwortet Krause. »Sie ist auch tot. Erschossen wie die Mutter.«

Schnell schaut konsterniert. Schweigt.

»Zurück zu dir und der Betriebsgeschichte«, überspielt Krause die Situation.

»Die ist jetzt fast schon zu Ende. Es lief mit Bettina nach ihrer Entlassung einige Wochen so lala, nichts Auffälliges im Guten wie im Schlechten, sie riss ihre Stunden am Schalter 8 ab, bis es zu jenem Ausbruch kam, für den ich mich noch heute schäme. Ich habe mich zwar bei der Kundin in aller Form entschuldigt, aber der Makel blieb natürlich an der Post hängen.«

»Nun mal weniger kryptisch: Was ist passiert?«

»Eine Frau wollte ein Telegramm aufgeben. Ihr Mann war kurz zuvor verstorben, sie wollte ihren Sohn benachrichtigen und fragte, was keineswegs unüblich ist, wann denn die Nachricht den Empfänger erreichen würde. Daraufhin reagierte Bettina zunächst pampig, dann aggressiv. Sie glaubte die Frau zurechtweisen zu müssen, kreischte, griff schließlich nach einem Aktenordner und schleuderte ihn gegen die Frau. Völlig verhaltensgestört und unmotiviert.

Wir haben sie vom Schalter wegziehen müssen. Ich habe sie dann an die Hand genommen und in mein Büro geführt. Da war sie ruhig und still, als wäre nichts passiert. Ich gab ihr ein Glas Wasser, redete beruhigend auf sie ein und bot ihr an, sie nach Hause zu fahren, da könne sie sich erst einmal ausruhen und erholen, morgen sehe die Welt schon wieder ganz anders aus … Ich plapperte also das ganze Zeug, was man in solchen Momenten so sagt. Da sprang sie plötzlich auf, warf das Glas an die Wand und schrie: Nein, nein, ich will nicht nach Hause. Ich will nie mehr nach Hause …! Sie krallte sich mit den Fingernägeln in die Tapete, als wollte sie sich an der Wand festhalten – da siehst du die Kratzspuren.« Schnell weist er auf eine Stelle neben der Tür. Krause muss sich nicht erheben und nähertreten, um die Kratzer zu entdecken.

»Und dann ließ sie sich auf den Boden fallen, krümmte sich und heulte wie ein kleines Kind. Ich war so hilflos, wusste nicht, was ich machen sollte. Ich glaubte, sie war endgültig verrückt geworden oder so was Ähnliches. Ich rief jedenfalls bei Kriegel in der Psychiatrischen Klinik an und ließ sie abholen. Die kamen auch gleich mit Blaulicht und stellten Bettina mit einer Spritze ruhig.«

»Wann war das?«

»Im Spätherbst, ich denke im Oktober des vorigen Jahres.«

»Und wie lange blieb sie in der Klapse?«

Die Bemerkung trägt Krause einen vorwurfsvollen Blick ein. Er korrigiert sich umgehend. »In der Psychiatrie?«

»Zu Weihnachten entließ man sie.«

»Für immer oder nur zu den Feiertagen?«

»Keine Ahnung. Bettinas Krankschreibung war unbefristet, sie hatte wohl auch kein Bedürfnis, auf einen Plausch vorbeizukommen.« Postrat Schnell holt tief Luft. »Und nun spielst du den Kollegen Hiob und überbringst uns die Nachricht, dass Bettina tot sei.«

Der Seufzer, der die lange Erzählung des Postchefs beendet, ist keineswegs theatralisch-gekünstelt. Er kommt aus tiefstem Herzen, die Gefühlswallung entspricht offenkundig dem Westen dieses Mannes, der sich für seine Arbeit, noch mehr aber für seine Mitarbeiter einsetzt.

Ein guter Leiter, denkt Krause und klappt sein Notizbuch zu. Nur das Klacken der Wanduhr dringt im Moment in die Stille. Ach, wie grausam kann das Leben mitunter sein.

»Und, wie und wo sind die beiden gestorben? Das darfst du mir nicht verschweigen. Ich habe ein Recht darauf, es zu erfahren.«

»Das ist nichts für die Wandzeitung.«

Krause trifft ein strafender Blick. »Sehe ich so aus? Alles, was in diesem Zimmer besprochen wird, gilt als vertraulich und verlässt nicht den Raum.«

»Wir haben heute Bettina Adler und ihre Tochter Beate erschossen in der Wohnung in der Melanchthonstraße aufgefunden. Mehr kann ich dazu im Augenblick nicht sagen.«

»War es Mord oder Selbstmord?«

Krause dreht die Handflächen nach oben und erhebt sich. »Wir ermitteln in alle Richtungen. – Bringst du mich nach draußen? Ich verlaufe mich sonst bestimmt.«

Beim Abschied legt Krause den Zeigefinger der rechten Hand quer über die Lippen, dann reicht er Schnell die Hand. »Ich danke dir, du hast mir sehr geholfen. Wirklich.«

Krause kehrt zu Fuß zum VPKA zurück, er muss sich den Kopf freipusten lassen. Im Gehen sortiert er Gedanken, schiebt Überlegungen von der einen in die andere Synapse. Er muss den Untermieter finden und mit dessen Tochter über ihre Freundin und deren Mutter sprechen. Und Prof. Kriegel muss er ebenfalls aufsuchen, denn für Tote gilt die ärztliche Schweigepflicht nicht. Wie krank war Bettina Adler, vor allem: woran litt sie? – Immer unterstellt, dass es ein Suizid und nicht Mord war. Gegen diese Annahme sprechen mehr Fakten als solche, die die Mordthese stützten. Und Kriminalist Krause hat ein feines Näschen, das darf man auch nicht unterschätzen, einen Riecher für Spuren und Indizien, für Be- und Entlastendes. Nur in einem Punkt scheint ihn sein siebter Sinn im Stich zu lassen: Er hat noch immer nicht die geringste Ahnung, woher die Waffe gekommen sein könnte! Wen kann er dazu befragen, wer hat eventuell einen Hinweis parat? Er grübelt noch.

Ins Volkspolizeikreisamt ist bereits die übliche Feierabendstille eingekehrt. Während draußen der Verkehr brandet und die Bürgersteige zumindest in der Altstadt überquellen, herrscht Ruhe im Schiff. Krause marschiert am Einlass vorbei. Inzwischen sitzt ein anderer Milchbubi hinterm Tresen und nickt freundlich dem Manne zu, der sich im Vorübereilen den Mantel öffnet und den Schal entknotet.

Krause sucht gleich Sarkowskis Arbeitszimmer auf. Er ist sich sicher, dort Klaus noch anzutreffen. So ist es denn auch. Zwei, drei Kollegen sind bei ihm und unterbrechen die Diskussion, als er durch die Tür tritt.

»Na, hast du auf der Post was erfahren?«

»Und ob.«

»Das freut uns«, sagt Sarkowski. »Wir haben einen Plan gebaut, vielleicht kannst du ihn ergänzen.« Der Leutnant schiebt ein Blatt über den Tisch. Krause greift danach, nachdem er sich seines Mantels und des Schals entledigt hat. »Kann mal jemand die Heizung … Ach so. Macht mal das Fenster auf. Hier drin ist es zu warm.«

Krauses Augen eilen übers Papier. Ja, sehr schön, alles dabei, bis auf einige Sachen, die er auf der Post erfahren hat.

»Sind die Genossen von der KT schon zurück?«

»Selbstverständlich. Fotos und Bericht kommen morgen. Nur so viel schon: Die Fingerabdrücke an der Waffe stammen eindeutig von Bettina Adler. Es fanden sich auch Schmauchspuren an ihrer Hand.«

»Kann ein Dritter ihre Hand geführt und abgedrückt haben?«

»Hans, du siehst zu viele schlechte Kriminalfilme im Fernsehen.« Sarkowski schüttelt den Kopf.

»Ich sehe mir überhaupt keine Krimis an. Die meisten sind doch nur Käse und haben nichts mit dem Leben zu tun.« Dann lächelt er hintergründig. »Ich wollte dich lediglich noch einmal an die These unseres Genossen Staatsanwalts erinnert haben.«

»Und was folgt daraus?«

»Wenn es sich nicht um einen Doppelmord handelt – was wir verbindlich und nachprüfbar ausschließen müssen –, gibt es auch nichts mehr aufzuklären und zu ermitteln. Allenfalls das Motiv und die Hintergründe, warum Bettina Adler erst ihre Tochter und dann sich selbst erschossen hat. Aber das ist nicht zwingend, sondern allenfalls Stoff fürs Feuilleton.«

»Welches Feuilleton?«

»Das war mehr so eine Metapher«, grient Krause. »Die Leute wollen es eben wissen, warum die kleine Beate und ihre Mutter starben. Warum und wodurch.«

»Und die Pistole?«

»Siehst du: Das ist der springende Punkt. Allein deshalb sollten wir alles daran setzen, die Herkunft der Waffe zu ermitteln. Vielleicht gibt es dort noch mehr, eventuell knallt es demnächst öfter in Görlitz – wenn wir dort versagen. Hat jemand eine Idee?«

Krause schaut in leere Gesichter.

Nach einer Weile sagt Sarkowski. »Wie willst du das rauskriegen. Am Ende des Krieges lag dieser Schrott überall auf der Straße, jeder konnte sich so ein Ding einstecken.«

»Konnte er. Aber wenn die Russen eine Waffe fanden, stellten sie den Besitzer an die Wand. So handhabten das alle Besatzungsmächte, erst Jahre später wurde das Verbot sukzessive aufgehoben. Meinst du, dass sich jemand 1945/46 in Görlitz getraut hätte, eine 08 in seinem Nachtschrank zu verstecken?«

»Im Nachtschrank vielleicht gerade nicht. Aber woanders schon …« Sarkowski gibt keine Ruhe.

»Wir schreiben 1967, der Krieg endete vor 22 Jahren. Glaubst du, dass man fast ein Vierteljahrhundert eine solche Pistole schussbereit halten kann?«

»Du siehst es doch: Es geht. Da war kein Krümel Rost dran. Mit Öl geht alles.«

Krause schüttelt genervt den Kopf. Der Unmut richtet sich mehr gegen sich selbst als gegen Klaus. Der hat ja recht. Aber die Waffe wurde professionell konserviert, dazu war eine Frau wie Bettina Adler vermutlich unfähig. Also: Woher hatte sie die Parabellum und die Munition? Wer half ihr bei der Beschaffung? Gibt es in der Stadt ein heimliches Waffenlager?

»Übrigens, ist dir oder den Männern von der KT ein Schäferhund vor die Füße gelaufen?«

»Wo, im Haus?«

Hauptmann Krause nickt. »Der Mann von der Post hat mir erzählt, dass in der Zeit, als Bettina Adler in der Psychiatrie war …«

»Die war in der Klapse? Das sagst du erst jetzt?!«

»Sie war in der Psychiatrie – darauf wäre ich noch zu sprechen gekommen. Also«, Krause macht eine Pause und hebt erneut an. »Tochter Beate ist während der Abwesenheit der Mutter von einer Tante betreut worden. Die hat ihren Schäferhund mitgebracht und bei der Rückkehr nach Thüringen dalassen müssen, weil Beate das Tier ins Herz geschlossen hatte. Sagt der Mann von der Post. Wo also ist der Schäferhund?«

»Vielleicht ist er weggelaufen, als es geknallt hat?«

»Quatsch. Ein Hund haut nicht ab. Deshalb habe ich gefragt: Habt ihr einen Schäferhund gesehen?«

»Nein«, sagt Sarkowski. »Fehlanzeige.«

»Dann müssen die Genossen morgen noch einmal hin. Sie sollen das Haus, den Garten dahinter und die Nebengelasse, also die Werkstatt, auf den Kopf stellen.«

»Hast du einen bestimmten Verdacht?«

»Ja.«

»Und können wir den erfahren?«

»Ich glaube, der Hund ist auch tot.«

»Ändert das etwas an der Mordgeschichte?«

»Nee, natürlich nicht. Aber fänden wir ihn, hätten wir ein weiteres Mosaiksteinchen. Jeder Fall ist wie ein Puzzle. Man kann nicht Teilchen zum Bild zusammenfügen, wenn man diese nicht gefunden hat!«

»Okay«, sagt Sarkowski und notiert auf dem Konzeptpapier: Hund suchen, KT schicken.

»Gibt es sonst noch was, wonach wir Ausschau halten sollen?«

»Natürlich.« Krause kramt sein Notizbuch hervor und schlägt es auf.

»Erstens: die Psychiatrie, über die wir bereits sprachen. Wir müssen unbedingt mit Prof. Kriegel reden, der hat Bettina Adler behandelt.

Zweitens: Im Obergeschoss der Wohnung Adler hat kurzzeitig ein Berufsschullehrer aus Greifswald zur Untermiete gewohnt. Der zog dann aus, als er eine eigene Wohnung bekam. Seine Tochter und Beate sollen befreundet gewesen sein. Beide befragen.

Drittens, aber das habe ich schon auf deinem Zettel gelesen, brauchen wir den Ehemann, sowie

viertens einen Waffenexperten oder Militärhistoriker, also jemanden, der sich sowohl mit alten Pistolen als auch mit der Geschichte von Görlitz der letzten vierzig Jahre auskennt.

Fünftens, den Punkt ziehe ich aber sofort zurück, weil er nicht zweckdienlich ist: Man könnte auch die Tante Anna befragen, die den Hund zurückließ. Aber was soll sie groß berichten? Wie es im Hause Adler während der Abwesenheit von Bettina zuging? Uninteressant, unerheblich.«

Krause setzt sich wieder. »Ich bleibe dabei: Das Wichtigste ist die Waffe, alles andere dient nur der Abrundung eines tragischen Unglücks.«

»Wenn eine Mutter ihre Tochter erschießt und anschließend sich selbst, ist das zwar tragisch, aber kein Unglück«, meldet sich einer der Kriminalisten.

»Und, wie würdest du es nennen?«, erkundigt sich Krause etwas pikiert.

»Unglücke passieren ungewollt. Das hier geschah vorsätzlich und mit Kalkül. Das ist für mich Mord.«

»Die Frau war offensichtlich krank«, hält Sarkowski dagegen, »sie handelte vielleicht berechnend, aber nicht berechenbar. Sie war nicht zurechnungsfähig.«

»Aber das Kind ist tot.«

»Ja, und auch sie lebt nicht mehr.«

»Das macht die Sache nicht erträglicher.«

Krause versucht zu schlichten und zu beschwichtigen. »Jeder hat Recht. Aber für mich ist es ein Unglück.«

Hauptmann Hans Krause macht sich auf den Weg. Den Schal geknotet, den Mantel geknöpft, läuft er durch die januartrüben Straßen. Er mag die Stadt, nicht jedoch solches Schmuddelwetter. Trotzdem geht er oft weite Strecken zu Fuß. Das hat ihm der Arzt mit Blick auf den Bauch und seinen Blutdruck geraten. Seit er nicht mehr am Dienstsport teilnimmt und das Rauchen aufgab, hat sich sein Leib merklich gewölbt. Über dem Gurt hängt inzwischen ein ordentlicher Ranzen, der allerdings nicht kleiner wird durch gelegentliche Fußmärsche. Aber diese geben Krause das gute Gefühl, etwas für seine Gesundheit unternommen zu haben. Autosuggestion ist eben alles.

Das Bezirkskrankenhaus in der Jochmannstraße befindet sich unweit von Lutherkirche und Stadtbibliothek. Der Klotz, um die Jahrhundertwende aus wuchtigen Quadern errichtet, liegt, wenn's denn nicht gerade Winter ist, inmitten von Grün. Jetzt kakeln nur nackte Äste wirr in den Himmel. Das Bild entspricht der Bestimmung des Hauses. Seit Anbeginn beherbergte es Menschen, die nicht mehr ganz bei sich sind. Demenz war damals noch nicht bekannt, wenngleich es Menschen gab, denen am Ende ihrer Tage der Verstand schwand. Sie wurden in dieses Haus eingewiesen. Es folgten Soldaten, die die Folgen des Krieges »im Kopf« nicht aushielten, die der Irrsinn des Mordens irre gemacht hatte. Später kamen andere Kranke, deren Psyche gestört war, schwere Alkoholiker inklusive.

Krause kennt Kriegel, der die Klinik schon viele Jahre leitet. Der Professor wird als Kapazität auch außerhalb geschätzt. Obgleich er intern als kleiner

Die Psychiatrische Klinik des Bezirkskrankenhauses in der Jochmannstraße

Diktator mit aristokratischen Attitüden gilt, wird er dennoch vom Personal respektiert und geachtet. Vielleicht muss man als Chef einer solchen Einrichtung die Zuchtrute schwingen? Wenn die Patienten verwirrt sind, können es nicht auch ihre Betreuer und der Chef sein. Hier ist ein straffes Regime, eine strenge Ordnung vonnöten, sonst herrscht Chaos auf den Gängen. Hans Krause kann sich gut vorstellen, wie schwer es ist, die Balance zwischen notwendiger Härte und menschlichem Mitgefühl zu halten.

Prof. Kriegel erwartet ihn bereits. Er weist Krause in der schweren Lederecke einen Sessel zu, in welchem der Hauptmann fast bis zur Schulter versinkt. Der Mediziner nimmt ihm gegenüber Platz, schlägt die Beine lässig übereinander. Er wirkt, obgleich nicht jünger als Krause, sportlich, jung und drahtig. Tennis, vermutet Krause. Fast alle Ärzte von Görlitz spielen im Verein Tennis. Und richtig stilecht. Sie ziehen den weißen Kittel aus und eine weiße Kluft an, sommers sogar kurze Hosen. Das sah er einmal, als er am Wochenende am Tennis-Klub mit dem Auto vorbeifuhr. Mit wuchtigen Schlägen ploppten die Bälle übers Netz, die Schuhe ratschten, roter Sand wirbelte auf. Füt Krause waren das Bilder aus einer Welt, die nicht die seine war.

Kriegel legt die Hände gegeneinander, die Fingerspitzen berühren sich leicht, die Ellenbogen ruhen auf den Knien und stützen das Konstrukt.

»Nun, Herr Kommissar, wie kann ich Ihnen helfen?«

»Hauptmann, Herr Professor, Hauptmann der K, um korrekt zu sein.«

Kriegel lächelt mild und verbessert sich.

Von dieser Gelassenheit und Souveränität hätte ich gern was ab, denkt Krause mit ein wenig Neid.

»Es geht um Bettina Adler.«

In Kriegels Gesicht ist keine Regung zu sehen, kein Wimpernschlag, nichts. Vielleicht erinnert er sich nicht.

»Sie war Ihre Patientin.«

»Wieso: war?«

»Sie ist tot.«

»Wie das?«

Krause informiert über den gestrigen Tag, verschweigt jedoch, von wem er den Hinweis erhielt, dass sich Bettina Adler in psychiatrischer Behandlung bei Kriegel befand. Seinen knappen Bericht beendet er mit der Bemerkung, dass die ärztliche Schweigepflicht bei Toten nicht mehr gelte und er davon ausgehe, dass Prof. Kriegel ihm uneingeschränkt Rede und Antwort stehen würde.

Kriegel schweigt, das Gesicht gleicht unverändert einer Verschlussache. Krause starrt ihn an. Soll er noch nachlegen? Langsam dämmert es ihm. Kriegel drückt nicht die Schweigepflicht, sondern die aufkeimende Erkenntnis, dass seine Behandlung oder Therapie offensichtlich nicht erfolgreich war. Man kann es auch deutlicher formulieren: Er ist bei Bettina Adler gescheitert. Nun ist, dessen ist sich auch Krause als medizinischer Laie bewusst, Scheitern immer möglich, Ärzte sind keine Götter, denen alles gelingt. Doch vor Selbstbewusstsein strotzende Klinikchefs empfinden so etwas als eine persönliche Niederlage. Sie leiden darunter doppelt, sie haben versagt.

Soll ich ihn trösten, fragt sich Krause. Bloß nicht, denkt er. Denn damit gebe ich ihm zu verstehen, dass mir der Grund seiner Kümmernis bewusst ist, er fühlt sich durchschaut. Also schweigt auch Krause vorsichtshalber.

Nach einer unendlich langen Weile taucht Kriegel aus seinem Jammertal auf. »Was wollen Sie von mir wissen?«

»Eigentlich alles.«

»Erwarten Sie einen medizinischen Vortrag?«

»Nein, nicht unbedingt. Mir genügt es schon zu erfahren, woran Bettina Adler litt, und ob sie so enden musste, wie sie endete …«

Krause erkennt an Kriegels Mimik, dass diese Formulierung nicht sonderlich glücklich war, und verbessert sich umgehend. »Ob nach jetzigem Wissenschaftsstand – sofern sie krank war – überhaupt Heilungschancen gegeben waren. Wissen Sie: Wir ermitteln selbstverständlich auch in Richtung Mord, wir gehen der Frage nach, ob Bettina Adler Opfer gewesen sein könnte. Diese Hypothese wird nicht dadurch ausgeräumt, dass sie eventuell krank war. Doch wenn sie nach Ihrer Diagnose psychisch nicht gesund war, ist die Wahrscheinlichkeit größer, dass sie Hand an sich legte. Verstehen Sie?«

Kriegel nickt. Er holt tief Luft. Ein ziemlich theatralischer Auftakt, findet Krause, den nun zunehmend die Unsicherheit verlässt, welche ihn im Angesicht der Koryphäe in Weiß zunächst befallen hatte. Er wirkt jetzt auch nicht mehr so winzig in dem zu großen Sessel.

»Frau Adler erschien vor etlichen Jahren erstmals in Begleitung ihrer Mutter, was darauf hindeutete, dass sie nicht freiwillig kam. Außerdem hatte sie um einen Termin außerhalb der regulären Sprechzeiten gebeten. Sie wollte offenkundig nicht von anderen im Wartezimmer gesehen und erkannt werden. Wenn man am Schalter in der Hauptpost sitzt, kennt einen die halbe Stadt. Das kann ich nachvollziehen. Wie mir auch bewusst ist, dass ein Besuch in unserer Klinik nicht unbedingt das Bild verbessert, das man von sich in der Öffentlichkeit meint zu besitzen. Über eine OP am Knie oder Probleme am Magen spricht jeder ohne Scheu. Aber hat man's am After oder gar am Kopf, schweigt man darüber schamhaft. Scham ist bei jeder Erkrankung unangebracht. Man wird ja nicht krank, weil man es vorsätzlich will. Es passiert.«

»Wenn man exzessiv trinkt und dadurch eine Säuferleber bekommt oder weiße Mäuse sieht ...«

»Sie leben doch auch ungesund: bewegen sich zu wenig, essen zu viel, rauchen vielleicht. Werfe ich Ihnen das vor?«

»Ich habe schon vor Jahren mit dem Rauchen aufgehört.«

»Löblich, sage ich, und nicht: Sie hätten besser damit nicht angefangen. Und das Übergewicht kommt ja auch nicht über Nacht.«

»Bettina Adler …«

»Entschuldigung, Sie haben mich provoziert. – Sie kam also mit ihrer Mutter. Mit Ringen unter den Augen, blasses Gesicht, die Hände feucht und weich. Schaute ich sie an, wich sie meinem Blick aus. Ich ließ mir schildern, was sie bedrückte. Sie klagte darüber, dass sie zuweilen von tiefer Furcht übermannt werde – Angst vor Versagen, Angst vor Bedrohung, Angst vor Verlust der Tochter und dergleichen. Der geschiedene Mann drohe ihr die Tochter wegzunehmen …

Das seien mitunter richtige Panikattacken. Vor allem dann, wenn sie Stimmen höre, sich verfolgt oder kontrolliert fühle. Mitunter durchlebe sie, nicht minder unmotiviert, Momente höchsten Glücks, um wenig später in Weinkrämpfe zu fallen. Ohne zu wissen warum, würden plötzlich Tränen bei ihr fließen.

Am schlimmsten, so empfand es hingegen die Mutter, sei die Antriebslosigkeit. Es gebe Tage, da würde die Tochter morgens nicht aus dem Bett finden. Da sei ihr alles egal. Ob die Kollegen schlecht über sie redeten, weil sie nicht zur Arbeit erschien oder erkennbar lustlos hinterm Schalter die Zeit absaß: das interessiere sie nicht. Und dann gebe es wiederum Tage, an denen sie eine hektische Betriebsamkeit entfalte, was, so die Mutter, fast noch unangenehmer sei als ihre Flennerei. Völlig überdreht, unorganisiert und rücksichtslos handele sie. Das waren«, sagt Kriegel, »eindeutige Symptome«.

»Wofür?«

»Endogene Psychose.«

Krause schaut unverständig.

»Schizophrenie. Eine Störung im Denken, bei der Selbstwahrnehmung, in der Motorik. Sie tritt schubweise auf. Ich schlug ihr damals vor, sie stationär zu untersuchen, um sie danach medikamentös einzustellen. Beseitigen könne man die Krankheit nicht. Aber mit einer richtigen Medizin ließe sich alles ein wenig dämpfen. Auf diese Weise könne sie uralt werden, kein Problem. Es sei alles eine Frage der Dosierung.«

Frau Adler habe sich zwar zunächst gegen eine solche Untersuchung gewehrt – übrigens auch mit Hilfe der Mutter: diese war beleidigt, weil er gesagt hatte, dass die Krankheit erblich bedingt sei. Doch am Ende hätte sie zugestimmt. »Wir untersuchten sie in der Klinik auf Herz und Nieren, wie man so sagt, legten die Medikamente und deren Dosierung fest und entließen sie wieder. Danach ging Frau Adler ihrer Arbeit wie gewohnt nach.«

»Keine Rückfälle, nichts Auffälliges?«

Kriegel wechselt die übereinandergeschlagenen Beine und sortiert sich im Sessel neu. Krause registriert die Verunsicherung ohne Kommentar.

»Nun ja. Nach etwa einem halben Jahr fing es wieder an. Sie war als Abteilungsleiterin abgelöst worden, wobei ich nicht weiß, ob das die Folge eines neuerlichen Schubs oder dessen Ursache war. Hinzu kam noch die Trennung vom Mann. Kurzum, seelische Belastungen, wie man so sagt. Dann starb Ende '64 auch noch die Mutter. Frau Adler konnte nicht einmal der Trauerfeier beiwohnen, ich musste sie hier in der Klinik behalten. Aus den ursprünglich geplanten zwei Wochen wurden mehrere Monate. In dieser Zeit habe ich sie auf neue Medikamente umgestellt, die anschlugen.«

In der Folgezeit habe sie sich regelmäßig bei ihm vorgestellt, und er habe ihr jedes Mal die Pillen ausgehändigt, die noch nicht in der Apotheke ausgegeben wurden.

»Wollen Sie damit andeuten, dass es sich um ein noch nicht zugelassenes Medikament handelte und Bettina Adler Versuchsobjekt war?«

»So würde ich es nicht nennen. Tatsache ist, dass es bei uns, also in der DDR, kein Medikament gibt, das nicht ausreichend erprobt war. Ein Fall wie etwa mit Contergan, das weltweit zu Missbildungen bei fast zehntausend Kindern führte, ist bei uns undenkbar. Das Beruhigungsmittel für Schwangere wurde bis 1961 auf Rezept verkauft, ehe man erkannte, dass nicht die weltweiten Atomtests die Ursache für die Missbildungen bei den Neugeborenen waren, sondern ein bestimmter Wirkstoff, der beim Wachstum der Föten Störungen hervorrief.«

»Frau Adler war kein Contergan-Konsument.«

»Ja, sicher, das habe ich ja nur als Beispiel genannt.« Kriegel knetet nervös die Hände. »Das Medikament hatte alle Testreihen durchlaufen, es gab keinerlei Probleme, keine Neben- oder Langzeitwirkungen. Natürlich gab es einige Mediziner, auch gute Freunde und Kollegen, die dennoch skeptisch waren. Noch sei die Krankheit nicht hinlänglich erforscht, folglich könne nicht mit abschließender Sicherheit gesagt werden, wie das Medikament wirke, selbst wenn es ausreichend getestet worden sei ... Als ich von der positiven Wirkung bei Bettina Adler berichtete, beglückwünschten mich sogar einige und meinten, vielleicht bedeute das Präparat den lange ersehnten Durchbruch. Wir freuten uns alle zu früh.«

Kriegel verstummt und hängt seinen Gedanken nach. Er weiß, dass er vorsichtig formulieren muss, um nicht in Mithaftung genommen zu werden. Am Ende wird ihm noch Beihilfe angehängt, weil er eventuell ein falsches Medikament oder eine zu hohe Dosis verschrieben habe oder weil seine Kontrollen nicht genügten oder es falsch war, sie vor wenigen Wochen entlassen zu haben. Er hatte nach bestem Wissen und Gewissen gehandelt und sich nichts vorzuwerfen. Alle Ärzte und Wissenschaftler, die sich mit endogenen Psychosen beschäftigen, bewegen sich auf einem Terrain, das noch viele unerforschte Felder aufweist. In zehn oder zwanzig Jahren wäre man da gewiss weiter. Doch wir schreiben 1967. Noch nie wurde beispielsweise weltweit ein lebendes Herz transplantiert (was jedoch erstmals am 3. Dezember 1967 in Kapstadt erfolgen sollte. Heute finden wie selbstverständlich jährlich weltweit an die hunderttausend Herztransplantationen statt).

Prof. Kriegel ist sich der Forschungsdefizite auf dem Feld der Psychosen bewusst, wie er eben auch davon überzeugt ist, dass alles nur eine Frage der Zeit ist. Aber seine Patientin Bettina Adler ist tot, ihr wird das nicht mehr helfen.

Krause beendet das Schweigen. »Sie sind damals von ihrem Betrieb angerufen worden, als Frau Adler den Tobsuchtsanfall in der Schalterhalle hatte …«

Kriegel hebt die Hände. »Ich war an jenem Tag nicht im Hause, was aber keinen Unterschied machte. Frau Adler war von der Schnellen Medizinischen Hilfe eingeliefert und vom Arzt im Fahrzeug bereits ruhiggestellt worden. Sie kam in das einzige Ein-Bett-Zimmer im Obergeschoss.«

»Wer hatte das entschieden?«

»Die Stationsschwester. Was völlig richtig war. Sie konnte die Patientin nicht in eines der mit bis zu vier Alkohol- oder Demenzkranken belegten Zimmer legen. Frau Adler brauchte Ruhe.«

»Und wann haben Sie sie nach Hause geschickt?«

»In der Woche vor Weihnachten.«

»Als geheilt entlassen?«

»Noch mal: Diese Krankheit ist nicht heilbar. Wir können nur die Symptome behandeln.«

»Und warum schickten Sie Frau Adler nach Hause? Weil Weihnachten war? Weil Sie das Einzelzimmer brauchten?«

»Das ist doch alles Quatsch, Herr Krause.« Kriegel fährt nun aus der Haut, er verliert die Contenance. »Wir können ja gern mal durch die Zimmer in der ersten Etage gehen. Da können Sie das Strandgut unserer Wohlstandsgesellschaft besichtigen. Wissen Sie, wie viele Alkoholiker wir hier inzwischen behandeln müssen? Die kommen aus allen sozialen Schichten, und es werden immer mehr. Wir sollen die Schäden beheben, die die Gesellschaft verursacht.

Sie, Herr Hauptmann, besuchen doch auch offizielle Empfänge. An der Tür werden sie von zwei Tabletts begrüßt: rechts der Klare, links der Braune. Ohne Wodka oder Weinbrand kommen sie nicht über die Schwelle. Und auf den Tischen stehen die Granaten, als müsste man mit den Flaschen den Weltkrieg gewinnen. Wissen Sie was, Herr Krause, so sehr ich es begrüßt habe, dass die Russen die Nazis vertrieben, so sehr habe ich sie dafür verflucht, dass sie nicht nur mit Panzern, sondern auch mit Flaschen kamen. In der deutschen Arbeiterbewegung war das Saufen verpönt, auf Postkarten und Plakaten warnte die SPD um 1900 davor, mit der Branntweinsteuer nicht den Ausbeuterstaat zu finanzieren. Nun kamen die Russen und meinten, die deutsch-sowjetische Freundschaft in Wodka baden zu müssen. Nichts gegen die deutsch-sowjetische Freundschaft, Herr Krause, aber man kann sich gegenseitig auch ohne Trinkgelage mögen. Ich habe auch nichts gegen Wodka. Aber nicht sto-gramm-weise, sondern in Maßen …«

Kriegel hat sich in Rage geredet. Das Gesicht verfärbt sich merklich.

»Und was hat das mit Bettina Adler zu tun?« Krauses Frage versucht den erregten Mediziner wieder auf den Boden und zum Thema zurückzuholen.

»Nichts«, sagt der trocken. »Ich wollte – ohne diesen Fall geringzuschätzen – einfach mal darauf hinweisen, mit welchen Riesenproblemen wir uns hier herumzuschlagen haben.«

Krause nickt verständnisvoll und meldet dennoch Widerspruch an. »Lieber Professor Kriegel, ich habe nur diesen einen Fall zu klären – die Welt rette ich morgen.«

Dabei wolle er ihm gern helfen, bietet Kriegel an und hat sich wieder unter Kontrolle. »Haben Sie noch eine ernsthafte Frage, wir müssen nämlich zum Schluss kommen. In fünf Minuten habe ich Visite und muss mir wieder das versammelte Elend von Görlitz anschauen. Diese Menschen benötigen ebenfalls Hilfe …«

»Gut, dann meine allerletzte Frage: Passt es ins Krankenbild von Frau Adler, dass sie Hand an sich legen würde?

»Ja. Natürlich war sie suizidgefährdet. Ohne Wenn und Aber. Verhindern kann man das allerdings nicht. Wenn die Lawine ins Tal donnert, lässt sie sich nicht stoppen. Aber ich kann nicht jemand in eine Anstalt einweisen, nur um ihn unter Kontrolle zu haben. Zumal es in diesem Falle zu einer Verschärfung geführt hätte. Ein wesentliches Moment war die hypertrophierte Angst von Frau Adler, dass ihr geschiedener Mann ihr das Kind wegnehmen könnte. Tochter Beate war ihre einzige Bezugsperson, es gab sonst niemanden mehr, der ihr, wie man so sagt, gehörte. Natürlich konnte nicht ausgeschlossen werden, dass das Sorgerecht wegen der Psychose der Mutter genommen und an den geschiedenen Mann übertragen werden könnte. Aber eine solche Entscheidung stand nicht an. Doch das drang nicht durch bis zu Frau Adler, sie war ja krank.«

»Kann man also sagen, ich formuliere es laienhaft, sie hat ihre Tochter erschossen, damit man diese ihr nicht wegnehmen kann, und sich selbst hat sie das Leben genommen, weil sie ohne die Tochter nicht leben konnte.«

»Ja, so könnte man es sagen.«

Krause tritt auf die Straße hinaus und atmet tief durch. Er hasst Krankenhäuser, seit er Kind war. Noch immer hängt ihm dieser Geruch von Desin-

Die Lutherkirche neben der Klinik

fektionsmitteln und Äther in der Nase. Das erinnert ihn an seinen einzigen Aufenthalt in einen Hospital. Er war damals neun oder zehn Jahre alt, man entfernte ihm die Mandeln. Anderthalb Wochen lag er mit zwei Dutzend Jungen in einem Saal, was er noch hingenommen hätte. Was er jedoch nicht verstand, dass sie nicht das Bett verlassen und die Toilette auf dem Flur aufsuchen durften. Selbst er sollte den Schieber benutzen, was er als hirnrissig empfand, man hatte ihm schließlich nicht die Beine amputiert. Aber es war nicht nur dämlich, sondern auch demütigend, unter der Decke in eine Emailleschüssel die Notdurft zu verrichten. Drei Tage verweigerte er sich, bis er des Nachts explodierte und das Geschirr unterm Bett in des Wortes ursprünglicher Bedeutung benutzte. Am Morgen, als die Schwestern kamen, rümpften sie die Nasen ob der Wolke, die im Raume schwebte. Diese Tage hatten sich unauslöschlich in Krauses Erinnerung eingebrannt, jeder Krankenhausgeruch löst bei ihm unangenehme Assoziationen aus. Krause ist glücklich, diesen Termin bei Kriegel erfolgreich überstanden zu haben. Erleichtert, geradezu beschwingt läuft er die Jochmannstraße hinunter und zur Gobbinstraße hinüber, wo sich, keinen Steinwurf weit, das VPKA befindet.

Sarkowski erwartet ihn bereits. Er hat eine sensationelle Nachricht. »Du glaubst es nicht, was die Genossen von der KT gefunden haben«, überfällt er Krause. Dieser hätte mal wieder den richtigen Riecher gehabt. »Die haben den Hund gefunden!«

»Tot oder lebend?«

»Mausetot.«

Hm, sagt Krause, das habe er vermutet. »Ich wette, er hat eine Kugel im Kopf.«

»So ist es. Gleiches Kaliber wie bei den beiden Frauen, folglich auch die gleiche Waffe. Als hätte sie geübt, Probeschuss sozusagen.«

»Und wenn es ein unbekannter Täter war, hat er den Hund vorsichtshalber liquidiert.«

»Wenn ein *unbekannter Täter* schoss, wird er wohl kaum eine Grube im Garten ausgehoben haben, um den schwarzen Schäferhund zu vergraben. Die These ist nicht haltbar.« Sarkowski grinst. Und auch Krause freut sich schon, dem Staatsanwalt die fixe Idee von einem Täter ausreden zu können.

»Und wie war's bei dir in der Klinik?«

»Danke der Nachfrage: nichts gravierend Neues. Die Frau war schizophren, seit Jahren in Behandlung, ambulant und stationär, je nachdem, wie die Schübe kamen. Vater gestorben, Mann abgehauen, Mutter tot, Leitungsfunktion in der Post verloren ...«

»Auch in anderen Familien sterben Eltern und verschwinden Partner«, regt sich Sarkowski auf.

»Aber nicht jeder erbt eine Psychose.« Krause ist nicht bereit, Bettina Adler wie einen normalen Straftäter zu behandeln. Für sie gilt wie für jeden anderen: De mortuis nil nisi bene. Er wird über die Tote nicht schlecht sprechen.

Sarkowski nickt. Schweigt. Denkt nach. Dann: »Meinst du, dass es jetzt noch erforderlich ist, mit diesem Berufsschullehrer zu sprechen, der mal bei ihr

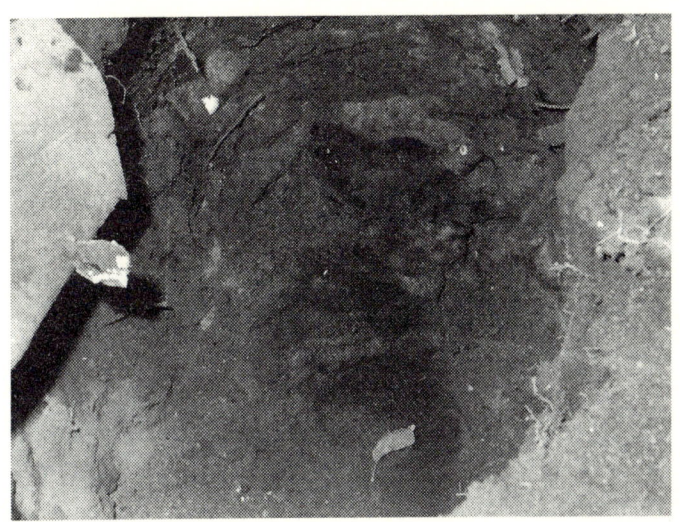

*In einer Grube im Garten entdeckten die Polizisten
den Kadaver des erschossenen Hundes*

zur Untermiete wohnte? Und mit dessen Tochter, die
mit Beate befreundet war? In der Sache dürften beide
wohl kaum was Neues beisteuern. Er wird über Bettina Adlers Depressionen berichten und das Mädchen, wie sehr Beate darunter gelitten hat. Über
Stimmungsbilder und Eindrücke wird das nicht hinausgehen. Wir sollten die beiden streichen. Die
Sache ist durch, der Fall final aufgeklärt. Ich schreibe
meinen Bericht.«

Krause hebt die Hand.

»Nicht?« Sarkowski ist irritiert. »Wir haben Opfer,
Täter, Tatwaffe, eindeutige Aussagen von Schwitter,
von Schnell und die von Kriegel. Das genügt.«

»Mir nicht. Wir wissen noch immer nicht, woher
die Pistole kam. Weißt du es? Ich nicht. Willst du es
erfahren, nein? Ich schon!«

»Und wen willst du fragen?«

Krause schmunzelt. »Ich kenne da einen Hobby-historiker, der geht inzwischen auf die 90 zu. Der kann sich noch an Bismarck und den Kaiser persönlich erinnern, der kennt jeden Stein in der Stadt. Den werde ich mal konsultieren.«

»Zu der Waffe? Ich denke, du suchst einen Militärhistoriker, der sich mit Pistolen auskennt.«

»Ja, das habe ich gesagt. Aber uns interessiert weniger, was es mit der 08 im Allgemeinen auf sich hat, sondern mit dieser konkreten im Besonderen. Vielleicht sollten wir in der Stadtgeschichte graben.«

»Wir? Du!« Sarkowskis Haltung zu dieser Frage ist unmissverständlich. »Ich muss nicht wissen, woher eventuell das Drecksding stammt. Wir packen es in die Aservatenkammer, und dort kann es liegen bis zum Jüngsten Gericht. Sollen sich dann die Erzengel eine Meinung bilden – ich heute nicht.«

»Amen«, sagte Krause. »Seid wann glaubst du an das Himmlische Gericht?«

»Seit meinem Parteiverfahren. Irgendwo und irgendwann wird es doch wohl eine höhere Gerechtigkeit geben.« Das nachgeschobene Gelächter verrät, dass dies nur als Witz gemeint sein kann.

Die Stiegen knarren wie Pferdefürze. Mein Gott, denkt Krause, wie schafft der alte Mann das jeden Tag hier hinauf? In der Halsschlagader schmerzt der Puls. So geht es ihm sonst nur, wenn er ein Eisbein oder von etwas anderem zuviel zu sich genommen hat. Mensch, tadelt er sich, irgendwie sollte ich kürzer treten. Er ist in der Dispensairebetreuung der Volkspolizei, die damals die Russen eingeführt hatten. Alle zwei Jahre wird man medizinisch untersucht, eine Vorbeugemaßnahme, um Veränderungen oder Erkrankungen beizeiten zu entdecken und notfalls zu behandeln. Bei der letzten Gesundheitsüberprüfung war bei ihm alles i. O., wie der Befund lautete. Soll der Blutdruck in den letzten Jahren so dramatisch in die Höhe gegangen sein, oder hat er neuerdings was am Herzen?

Krause ist kein Hypochonder, und zum Onkel Doktor geht er nur, wenn ihn etwas zwickt. Sein Arzt hat damals was von Darmspiegelung und Prostata gemurmelt, worauf er wütend seine Sachen zusammengerafft und beim Hinauseilen geknurrt hatte, er lasse sich keinen Finger in den Arsch stecken, er nicht! Also dort hatte er schon mal nichts, es ist wohl doch die Pumpe.

Weiter kommt er nicht beim Sinnieren, denn auf dem Treppenabsatz, vor der Tür, erwartet ihn bereits das Görlitzer Universallexikon. Krause hatte unten an der Haustür geklingelt.

»Na, Hans, du bist auch ganz schön in die Jahre gekommen und in die Breite gegangen. Nun hast du ganz schön was zu schleppen.«

Krause verharrt und klammert sich ans Geländer, das ihm Halt gibt. Den hat er nötig. Er sieht Sterne.

»Sag mal, wie schaffst du das hier hinauf? Du bist doch mindesten drei Jahrzehnte älter als ich.«

»Aber mindestens dreißig Kilo leichter.« Der schlanke Greis auf dem Treppenabsatz schlägt sich auf den flachen Bauch, der von einer dunkelblauen Strickjacke umhüllt wird. »Ich brauche keinen Frühsport oder dergleichen Firlefanz. Ich hole Zeitung und Post aus dem Briefkasten, schaffe den Mülleimer runter, trage das Wasser hoch ...«

»Hast du noch immer keinen Wasseranschluss in der Wohnung?«

»Nein, folglich auch keine Toilette. Nur das Abflussrohr ist neu seit deinem letzten Besuch. Das ist doch fantastisch, wenn man das Waschwasser nicht mehr hinuntertragen muss.«

Krause schüttelt den Kopf. Wie kann man nur so leben?

Der freundliche Alte mit den schütteren weißen Haaren scheint den Gedanken erraten zu haben. »So lebten die Menschen Jahrhunderte. Früher gab es auch keine Zentralheizung und WC, da warfen sie den ganzen Unrat einfach auf die Straße. So betrachtet ist selbst das Plumpsklo ein zivilisatorischer Fortschritt, den die meisten Menschen in vielen Gegenden der Welt nicht teilen. Die müssen noch immer wie seit Jahrtausenden in den Busch oder in die Wüste, wenn es pressiert.«

»Wären alle so bescheiden und anspruchslos wie du, säßen wir noch immer in Höhlen auf Bärenfellen und wären keinen Schritt weiter.«

»Nun komm erst mal rein und mach nicht schon wieder auf große Politik«, sagt der Alte und umarmt den schnaufenden Kriminalisten. Sie sind gleich groß, der eine jedoch etwa dreimal so dick wie der andere.

»Mann, du riechst ja heute wieder stark«, entfährt es Krause, als sich beide wieder trennen.

»Das ist Pitralon, du Nase, das nehme ich, seit ich mich rasiere. Und das ist so um die Jahrhundertwende gewesen.«

»So lange gibt es das Zeug schon? Das glaub ich nicht.« Krauses Erstaunen ist nicht gespielt.

»Doch, Lingner in Dresden hat's damals erfunden. Erst das Mundwasser Odol, dann Pitralon: Alkohol und Kampfer. Das brennt dir jeden Pickel weg und desinfiziert das Kinn. Und obendrein stinkt's auch noch so schön schwer.«

»Gibt es Lingner überhaupt noch?«

»Nee, der ist schon lange hinüber. Aber der VEB Elbe-Chemie Dresden produziert das noch nach dem alten Originalrezept.«

Krause zieht den Kopf ein, als er in die Wohnung tritt. Der Rahmen scheint winzig, das Türblatt hängt schief und ist so uralt wie die schmiedeeisernen Beschläge. »Von wann, sagst du, ist das Haus?«

»Die erste Eintragung, die ich gefunden habe, stammt aus dem Jahr 1680. Aber da stand es wohl schon eine Weile.

»Erstbezug wohl, wenn ich dich ansehe.«

Der Alte kichert. »Woher weißt du …?«

Die Wohnung besteht aus drei Kammern und einer winzigen Küche. Die Bodenbretter sind grob gefugt, die Balken haben Risse und gebogene Nägel, die noch vom Schmied gehauen wurden. Daran hängen Bilder, Kupferstiche und Drucke, zumeist mit Straßen und Gebäuden, Brücken und Plätzen. Alles

Görlitz und alles uralt. An einigen Haken baumeln Zeugnisse anderer Art; Türklopfer, Namen- und Straßenschilder, Fensterknäufe, Bruchstücke von Sandsteinputten … Wo die Wände einigermaßen gerade und der Fußboden stabil, wuchten sich Regale in die Höhe, die mit Büchern vollgestopft sind. Dicke Folianten türmen sich auch davor und daneben, Schränke und Kommoden gibt es kaum. Entweder weil es keinen Platz gab oder niemand sie hier hochtragen mochte.

Es ist nicht sonderlich warm im Zimmer, in welchem der Alte Krause bittet, Platz zu nehmen, er hole nur rasch den Tee aus der Küche. Ein Ölradiator kämpft tapfer gegen die Kälte an, es gluckert im Heizkörper, der wahrscheinlich aus Polen stammt, denn in der DDR gibt es diese Stromfresser nicht. Oder vielleicht ist er auch aus der Sojus.

»Mach schon mal die Kerze im Stövchen an, ich bringe gleich die Teekanne«, kommt es von nebenan. Krause lässt den Blick über das Tischchen gleiten und sucht eine Streichholzschachtel. Seit er das Rauchen aufgegeben hat, führt er kein Feuer mehr bei sich. »Wo liegen die Hölzer, Kurt, ich sehe keine?«

Genervt biegt Kurt mit der Kanne um die Ecke und lässt eine Streichholzschachtel auf den Tisch fallen. Krause pult bedächtig ein Zündholz hervor, zieht den roten Kopf über die Reibefläche, bis dieser zischend entflammt. Nachdem endlich das Hindenburglicht brennt, setzt Kurt die Kanne ab.

»Warum heißt das Teelicht Hindenburglicht?«, fragt Krause.

»Weil der Oberkommandierende des Heeres diese Kerzen zur Beleuchtung der Schützengräben eingeführt hat. Allerdings waren die Kerzen damals größer, so fünf bis acht Zentimeter im Durchmesser und vielleicht anderthalb Zentimter hoch. Insofern ist das Dosenlicht hier nur eine Miniausgabe.«

»Das war während des Ersten Weltkrieges. Warst du damals dabei?«

»Na klar, aber erinnere mich nicht daran. Monatelang lag ich damals in Flandern im Graben, knietief stand darin das Wasser. Und von oben Giftgas und Granaten, dazu Ratten, Leichen und Gestank. Da kriegte mancher einen Grabenkoller ...«

»Du lieferst mir das Stichwort.«

»Aha. Ich habe mich schon gewundert, warum du mich besuchst. Ohne Grund kommst du nie.« Der Greis lacht vergnügt auf und nimmt einen Schluck Tee. In gerader Bewegung, ohne zu zittern, führt er die Tasse zum Mund. Kurt Henkel ist augenscheinlich frei von allen Alterserscheinungen.

Krause macht eine wegwerfende Handbewegung. Ja, natürlich, Kurt habe recht, er sollte öfter bei ihm vorbeischauen, auch wenn es keinen Anlass gebe. »Aber du weißt ja ...« Krause lässt den Satz offen ausklingen und provoziert zwangsläufig die rhetorische Gegenfrage: »Was soll ich wissen?«

Der Hauptmann druckst herum.

»Wenn ich in der Kiste liege, ist es zu spät. Da kannst du mich nicht mehr befragen.«

»Mensch, Kurt, sag doch nicht so was. Du überlebst uns doch alle, besonders mich.«

»Erwarte jetzt keinen Widerspruch. Wenn ich dich anschaue, kann ich nicht anders als dir zuzustimmen.« Und wieder kichert der Alte spitzbübisch. »Also, was ist es diesmal?«

»In der Melanchthonstraße hat sich in dieser Woche eine Frau erschossen. Und ihre 15-jährige Tochter gleich mit. Nun versuche ich herauszubekommen, woher sie die Pistole haben könnte.«

»Kenne ich die Frau?«

»Weiß ich nicht. Sie heißt Bettina Adler, die Eltern waren Grete und Max Junge.«

»Die soll doch nicht ganz dicht gewesen sein.«

»Du kennst sie also?«

»Nur gerüchteweise. Wenn jemand in die Psychiatrische eingewiesen wird, haben doch die Leute was zu tratschen. Aber ihren Vater kannte ich, der hatte eine kleine Schlosserei und bei den Nazis ein Amt.«

»Wie bitte?«

»Nichts Besonderes, nichts Großes. Er war ein kleiner Funktionär beim Reichsarbeitsdienst, angestellt beim Gau Niederschlesien. Der hatte seinen Sitz in Görlitz.«

»Der RAD war doch so eine Art freiwilliger Arbeitsdienst für junge Männer bis 25, um die Arbeitslosigkeit zu bekämpfen?«

Kurt schüttelt den Kopf. »Warst du nicht auch dabei, hast du das schon vergessen?«

Krause wehrt ab. »Da irrst du. Ich war schon zu alt, als das Gesetz kam.«

»Nur am Anfang ging es vordergründig um die Beschäftigung, dann kam die Wehrpflicht, womit sich das Problem Jugendarbeitslosigkeit auf andere Weise löste. Danach wurde der RAD zum Bautrupp der Wehrmacht und schließlich ging er völlig in der Kriegsmaschinerie auf. Während der sechsmonatigen Dienstpflicht erfolgte eine militärische Grundausbildung. Und zum Kriegsende schlug man die RAD-Einheiten glatt dem Volkssturm zu. Auch hier in Görlitz.«

»Und Junge war Funktionär bei der Gauleitung?«

»Was genau er dort gemacht hat, weiß ich nicht. Es muss unerheblich gewesen sein, er wurde nach dem Krieg rasch entnazifiziert.«

»Entschuldige, er war weder Lehrer noch Richter, die mehrheitlich entlassen wurden. Er war auch nicht im öffentlichen Dienst angestellt: Junge war selbständiger Handwerker. Darum musste man nicht so genau hinschauen. Vermutlich hatte er keinen Dreck am Stecken. Ein kleiner Mitläufer eben.«

Der Alte nippt genüsslich an seiner Tasse. Grusinischer Tee, abgefüllt in Radebeul, für 2,75 Mark das Schächtelchen. Köstlich. Er braucht keinen anderen, keinen aus Fernost oder von afrikanischen Plantagen. Mit diesem kann man hundert Jahre alt werden und älter.

Krause schweigt und lauscht seinem letzten Satz nach. Ein Mitläufer. Jeder Staat wird von seinen Mitläufern getragen. Ausnahmslos. Und hinterher, wenn die Innereien offen liegen, behaupten sie, nichts gewusst zu haben und nicht verantwortlich gewesen zu sein. Ich war doch nur ein kleines Licht …

»Bist du dir sicher«, legt Krause nach, »dass Junge eine saubere Weste hatte?«

»So ziemlich. Junge war zwar PG, also Parteigenosse, wie die meisten in der Stadt, die sich von der Mitgliedschaft in der NSDAP einen Vorteil erhofften. Aber er war nicht sonderlich aktiv oder gar in den Naziapparat eingebunden.«

»Hatte er eine Dienstwaffe?«

Kurt lacht hell auf. »Der doch nicht.«

»Wie kommt dann seine Tochter an eine Pistole?«

»Die wird schon von ihrem Vater sein. Ich habe da eine Vermutung.«

»Lass hören.«

»Als die Rote Armee …, nee, wart mal.«

Der Alte erhebt sich, bleibt einen Moment stehen, um zu überlegen und steuert dann ein Regal an. Zielsicher greift er einen Band, der sich, als er auf dem Tisch liegt, als ein Fotoalbum erweist. Kurt blättert und findet offensichtlich die Bilder, nach

Panzersperre in der Görlitzer Jakobstraße, 1945

denen er gesucht hat. Er tippt auf ein Foto. »Erkennst du es?«

»Nein, nicht unbedingt.«

»Das ist die Jakobstraße, gleich hier um die Ecke. Mit einer Sperre, die der Volkssturm inklusive RAD errichtet haben, um die Russen zu stoppen.«

»Das ist doch eine Nachkriegsaufnahme, da laufen normale Leute herum.«

»Vermutlich. Im Februar/März, als man diese lächerlichen Hinternisse aufrichtete, wäre man als Spion an die Wand gestellt worden, hätte die SS einen beim Fotografieren kriegsentscheidender Bauwerke erwischt. Und nach dem Ende des Krieges brauchte es einige Zeit, ehe der ganze Krempel wieder abgeräumt war.«

»Die Panzersperren und Barrikaden waren sinnlos.«

»In jeder Hinsicht.« Kurt blättert im Album weiter. »Und Gott sei Dank. In der Stadt wurde nicht gekämpft, die 1. Ukrainische Front blieb zwei Monate an der Lausitzer Neiße hängen. Die Wehrmacht zog erst wenige Tage vor der bedingungslosen Kapitulation in Berlin aus dem Görlitzer Raum kampflos ab. In militärstrategischer Hinsicht war die sowjetische Entscheidung völlig richtig, alle Kräfte auf die Eroberung der Reichshauptstadt zu konzentrieren.«

»Das war das Glück für Görlitz.«

»Genau.«

»Wie sich der Frontverlauf entwickeln würde, war jedoch nicht absehbar. Deshalb wurde der Görlitzer

Volkssturm bewaffnet. So weit das im Februar '45 überhaupt noch möglich war. Damals wird wahrscheinlich auch Junge bewaffnet worden sein …«

»… und im Unterschied zu den anderen wird er später, als der ganze Spuk vorbei war, seine Waffe nicht in die Neiße geworfen, vergraben oder abgegeben, sondern gut geölt versteckt haben«, ergänzt Krause. »Und die Tochter hat sie gefunden.«

»So kann es gewesen sein. Nicht alle haben damals ihre Mordinstrumente abgegeben, obwohl Waffenbesitz von den Besatzungsmächten – nicht nur von den Russen – schwer bestraft wurde. Vielleicht war es aber gerade das, was manchen davon abhielt: Er fürchtete, trotzdem bestraft zu werden.«

»Aber warum hat Junge – unterstellt, dass es so war, wie wir vermuten – das Ding nicht einfach verbuddelt? Warum hat er es konserviert?«

Der Alte hebt die Schulter und schlägt das Fotoalbum zu. »Da musst du ihn schon selber fragen, was ihn dazu bewogen hat.«

»Das geht nicht. Er ist seit 1958 tot.«

»Ich weiß.«

»Wir sollten das ganze Anwesen auf den Kopf stellen, ob er noch weitere Waffen versteckt hat.«

»Das glaube ich nicht.« Kurt geht mit dem Album zum Regal und zwängt es wieder in die Lücke, die er hinterließ, als er es herauszog. »Ich kannte ihn, wenn auch nur flüchtig. Das war weder ein Waffennarr noch ein Umstürzler, der passte sich zu allen Zeiten den herrschenden Verhältnissen an. Darum wird er sich auch kein Waffendepot angelegt haben.«

»Bestimmt hast du recht. Trotzdem werden wir suchen. Man weiß ja nie.«

Kurt setzt sich wieder. »War's das, weshalb du mich sprechen wolltest?«

Krause nickt. »Natürlich wollte ich dich auch mal wieder sehen. Ist ja schon eine Weile her, dass wir miteinander Tee tranken.«

»Ach, ihr jungen Leute. Ihr eilt durch die Welt, habt tausend Sachen im Kopf, kümmert euch um jeden Mist, aber das Wesentliche, das wirklich Wichtige, findet zu wenig Beachtung. Das wird euch erst bewusst, wenn es zu spät ist … Wie geht's der Familie, Hans?«

»Danke der Nachfrage. Alles in Ordnung. Kinder und Enkel sind wohlauf, die Frau ist zufrieden, wurde erst am 7. Oktober im Betrieb als Aktivist ausgezeichnet, und im Sommer haben wir einen FDGB-Ferienplatz an der Ostsee.«

»Herz, was willst du mehr …«

»Naja, man kommt halt in die Jahre …«

»Das merkte ich bereits, als du vorhin die Treppe hinaufgeschnauft bist.«

Krause macht eine Handbewegung, als interessiere ihn das nicht, und erhebt sich mühsam. Es scheint, als habe er sich mit allem abgefunden, mit seiner Leibesfülle wie mit seiner Arbeit, und plane langfristig nichts mehr. Das Leben, meint er, halte keine Überraschungen mehr für ihn bereit. So ist denn das Nachforschen in Sachen Junge ein Versuch, auszubrechen aus der Monotonie des Alltags, die manche beschönigend Gleichmaß des Daseins nennen, was für sie notwendig und lebenserhaltend ist.

»Mach's gut, Kurt, ich danke dir für das Gespräch und den Tee.«

Schon am nächsten Tag rücken etliche Volkspolizisten in die Melanchthonstraße aus, um, von Krause instruiert, nach Waffen zu suchen. Damit beschäftigt sich üblicherweise die Staatssicherheit, und er hätte die Kreisdienststelle eigentlich informieren müssen, dass nach einem Tötungsdelikt mit einer Pistole der Verdacht besteht, dass es sich erstens um eine 08 aus der Nazizeit handelt und zweitens eventuell noch weitere Faust- und Handfeuerwaffen aus jener Zeit im Wohnhaus und in angrenzenden Gebäuden versteckt sein könnten.

Doch Krause unterlässt es. Horch & Guck erfährt es noch früh genug, sagt er sich, und außerdem gönnt er denen von der »unsichtbaren Front« nicht den Triumph, sollte tatsächlich ein Waffenlager ausgehoben werden. Denn fände man auch nur eine zweite Pistole, würde das Haus gewiss zum Arsenal mutieren und dessen Entdeckung als wichtiger Beitrag zur Sicherung des Weltfriedens propagandistisch gewürdigt werden. Er kennt die Wichtigtuer aus Pappenheim zur Genüge. Und fänden die Polizisten nichts, wäre es auch gut, denn man sparte sich eine Erklärung, warum dem Kreißen des Berges nicht einmal die Geburt eines Mäuschens gefolgt sei. Weil man den Vorgang nicht an die große Glocke gehängt hatte, musste man dann auch keine Entschuldigungen stammeln. Einen möglichen Anschiss von oben, weil man seiner Informationspflicht nicht nachgekommen sei, würde Krause leichter verkraften als das Eingeständnis, viel Lärm um Nichts produziert zu haben.

Im Haus drehen die Polizisten jede lose Diele um, sie leeren Schubfächer und Schränke, schauen im Keller nach möglichen Verstecken und unterm Dachboden. Sie finden nichts, nicht einmal einen verrosteten Hirschfänger, der nötigenfalls als Stichwaffe hätte durchgehen können. Auch im Garten pflügen sie jeden Quadratmeter um, doch bis auf das Hundegrab entdecken sie nichts. Der schwarze Schäferhund ist inzwischen längst obduziert und die Annahme als begründet bewiesen worden: Die Kugel, mit der das Tier getötet worden war, kam aus der Waffe, die auch das Leben der beiden Frauen beendete.

Junges Werkstatt, wenngleich seit über einem Jahrzehnt ungenutzt, befindet sich in jenem Zustand, den der Besitzer hinterließ. Das Werkzeug hängt und liegt an jenem Platze, an welchem es der Schlosser einst deponierte. Natürlich stellt sich die Frage, warum das so ist? Und wozu? Hofften die Witwe und die Tochter, dass mal jemand die Werkstatt übernähme? Vielleicht der Schwiegersohn? Oder gab es andere Gründe, Werkstatt und Lager nicht auszuräumen? Interessenten hätten sich gewiss finden lassen. Ordentliches Werkzeug – in der DDR wurde früher Produziertes allgemein und ironisch »Friedensware« genannt, womit man meinte,

Nachfolgendes sei nicht so solide – war überall gefragt.

In den beiden Räumen roch es nach Metall, Staub und vor allem Öl. Der Geruch war in die Wände eingedrungen und hatte sich in den Estrich gegraben, oft unter Zurücklassung kleiner und größerer Flecken. Krause liebt dieses Aroma, es erinnert ihn an seine eigene Kindheit, als er in der Dorfschmiede ab und an gemeinsam mit dem Vater irgendwelche Metallrohre oder Eisenteile hatte richten lassen. Sie blieben dabei stehen, wenn der Schmied die Stücke in die Kohleglut schob, die hell aufloderte, wenn Luft von unten hineingeblasen wurde. Dann zog er das rot glühende Teil mit der Zange heraus und bearbeitete es auf dem Amboss. Mehrere Schläge aufs Eisen, dann – plingpling – zwei, drei Male auf den Amboss. Wozu der Zwischenschlag gut sein sollte, hat Krause nie verstanden. Am Ende, wenn das Eisen die Richtung hatte, die Vater wünschte, schob der Schmied das Teil in den nebenstehenden Wasserbehälter. Es zischte, Dampf stieg auf und schwebte als Wolke der berußten Decke zu.

Hier, in Junges Werkstatt, roch es nicht ganz so wie in der Schmiede, aber es roch nach Handarbeit, nach jahrzehntelanger schweißtreibender Tätigkeit, nach sinnvoller Verrichtung. Hier hatte man sich Schwielen an den Händen erworben und nicht am Gesäß. Man bekam Muskelkater, keinen Kopfschmerz vom Studieren irgendwelcher Akten.

»Und, schon etwas gefunden?« Krause unterbricht die Suche der beiden Genossen, die Werkzeug von

Der Schuppen, in dem die Pistole versteckt war.
Aufnahme 2014

der einen Seite auf die andere schieben, Kisten öffnen und Verschläge inspizieren.

»Ja, hier«, sagt der eine, und reicht dem Hauptmann eine Zigarrenkiste.

Krause nimmt die Schachtel und schlägt den Deckel auf. Drinnen liegt, fein säuberlich zusammengefaltet, wie es nur eine Frau macht, Ölpapier und etwas Stoff. Ein Putzlappen, vielleicht aus einem Bettlaken, kaum benutzt und dennoch grau, was auf sein fortgeschrittenes Alter verweist.

»Da drin könnte sie gelegen haben«, kommentiert der Mann den Fund. »Von der Größe her passt's.«

»Sicher?«

»Ziemlich sicher. Die Pistole 08 ist 23 Zentimeter lang, die Kiste um die 25.«

Krause führt die Schachtel zur Nase, als könnte er die Pistole riechen, die dort – vielleicht – zweiundzwanzig Jahre unberührt gelegen hat. Es riecht nicht anders als die Werkstatt.

»Munition?«

»Nein, nichts. Aber wenn das Magazin voll war, hatte sie acht Schuss.«

Krause überlegt. Das könnte hinkommen. Eine Kugel steckte im Hund, mit einem Schuss tötete Bettina Adler die Tochter, sie selbst schoss sich einmal in die Brust, im Magazin steckten noch vier Patronen, eine im Lauf. Die Parabellum war schließlich eine Selbstladepistole. Beweisen ließe es sich nicht, dass die Mordwaffe in der Zigarrenschachtel deponiert war, aber es war nicht unwahrscheinlich. »Wo haben Sie das Kästchen gefunden, Genosse?«

Der Polizist zieht ein Schubfach bis zum Anschlag heraus. »Ganz hinten. Davor lag der ganze Trödel.«

»Also nicht besonders versteckt?«

»Kann man so sagen. Aber nur wer wusste, dass dort in einer Zigarrenschachtel eine Pistole lag, hätte sie auch gefunden.«

»Eine zufällige Entdeckung schließen Sie aus?« Krause stellt die Frage eher aus rhetorischen, um nicht zu sagen pädagogischen Gründen. Der junge Mann soll merken, dass seine Arbeit wichtig und die Überlegungen hilfreich sind.

»Nun ja, ausschließen kann man es nicht.«

Macht das einen Unterschied, ob Bettina Adler zufällig die Kiste gefunden oder systematisch nach ihr gesucht hatte, denkt Krause. Vermutlich wird sie gewusst haben, dass ihr Vater eine Pistole in der Werkstatt versteckt hatte. Sie war 15, als der Krieg endete und seine Reste und Hinterlassenschaften beiseite geschafft wurden. Sie wird es vielleicht bemerkt haben. »Wenn Sie noch etwas finden sollten, geben Sie bitte Bescheid. Ich fahre wieder zurück ins VPKA.«

Keine zwei Wochen nach der Bluttat in der Melanchthonstraße kann die Kriminalpolizei die Akte Adler schließen. Krause trägt, assistiert von Sarkowski, den Abschlussbericht beim Amtsleiter vor.

Darin eingeschlossen der Befund der Gerichtsmediziner aus Dresden, die die beiden Leichen in der Görlitzer Pathologie obduziert hatten. Beate Adler wurde durch einen Nahschuss mit aufgesetzter Waffe getötet, konstatierten sie. Rings um das Einschussloch an der linken Schädelseite waren Schmauchspuren festgestellt worden. Zudem hatten die Kriminaltechniker das Projektil vom Kaliber 9mm, das ihren Kopf durchschlagen hatte, im Holz des hinter dem Mädchen stehenden Vertikos gefunden und untersucht. Die Stanzmarke, das sogenannte Waffengesicht, stimmte mit dem Lauf der Tatwaffe überein, mithin war erwiesen, dass Beate mit eben jener Waffe getötet worden war, die man neben ihrer Mutter gefunden hatte. Der Tod sei augenblicklich eingetreten, die Schädeldecke zerborsten.

»An der Bluse der Frau wurde im Einschussbereich eine starke Pulververschmauchung festgestellt. Das Projektil hat im Brust- und Bauchbereich Verletzungen hervorgerufen, die nach wenigen Minuten zum Tode führten.«

Krause endet mit dem Vorschlag, gemäß § 15 der Strafprozessordnung der DDR (»Zurechnungsunfähigkeit«) kein Verfahren zu eröffnen. »Strafrechtliche Verantwortlichkeit ist ausgeschlossen, wenn der Täter zur Zeit der Tat wegen zeitweiliger oder dauernder krankhafter Störung der Geistestätigkeit oder wegen Bewusstseinsstörung unfähig ist, sich nach den durch die Tat berührten Regeln des gesellschaftlichen Zusammenlebens zu entscheiden.« Außerdem ist die Täterin tot, der Suizid schließt ohnehin jegliche Weiterverfolgung aus.

»Gibt es Angehörige?« Der VPKA-Chef fragt nach.

Sarkowski verneint.

Fast scheint es, als atme der Leiter der Dienststelle erleichtert auf. »Das heißt, wir können in unserer Meldung von einem *tragischen Unglück* sprechen, ohne Gefahr zu laufen, dass irgendein Verwandter etwas anderes erzählt.«

»Geben wir die Mitteilung an die Presse?«, fragt Krause.

»Nein, auf keinen Fall!«

»Aber irgendwie wird einer von den Lokalredakteuren davon Wind bekommen.«

Der Chef lächelt milde. »Da ist der Chefredakteur vor. Ich informiere, wie üblich, die Kreisleitung der Partei, da wird man schon wissen, wie man damit umgeht. Ich nehme stark an, dass man weder dort noch in Dresden sonderliche Neigung verspürt, die Geschichte in der *Sächsischen Zeitung* breitzutreten.

Es handelte sich, wie ich schon sagte, um ein tragisches Unglück, darüber muss man kein Wort in der Öffentlichkeit verlieren.«

»Nicht mal auf der letzten Seite eine kleine Notiz bei den Polizeinachrichten?« Krause ist unzufrieden mit der Ansage seines Chefs. »Eine Mutter, die ihr Kind erschießt, und sich anschließend selbst richtet – das ist doch keine Bagatelle.«

»Nein, ist es nicht. Aber es ist auch eine Nachricht, mit der unsere Menschen verunsichert werden könnten, und deshalb gibt es sie nicht.«

Krause schüttelt den Kopf. Der VPKA-Leiter möchte ihm entgegenkommen. »Die Zeitung soll mit dem Dingsda – wie hieß dieser Professor doch gleich, mit dem du gesprochen hast?«

»Prof. Kriegel?«

»Ja, den meine ich … Die sollen mit dem Kriegel ein Interview führen über Schizophrenie und ihre Symptome, da können die Leser noch etwas lernen. Ein solches Gespräch hat Bildungswert.«

»Wie soll denn das gehen? Die *SZ* bringt völlig unvermittelt ein Gespräch über Geisteskrankheit mit einem Psychiater. Warum, wieso, fragen sich die Leute.«

Der Oberstleutnant grinst. »Lass das mal meine Sorge sein, das kriegen wir schon hin. Am Wochenende sind wir wieder zur Jagd.«

Krause weiß Bescheid. Im Jagdkollektiv, bestehend aus dem 1. Kreissekretär, dem Ratsvorsitzenden, dem Kreisstaatsanwalt, dem Polizeichef und weiteren Honoratioren, werden alle wichtigen aktuellen Fragen besprochen. Dort wird die Politik im Kreis gemacht. Und auch besprochen, wie und wo Beate und Bettina Adler bestattet werden und ob man ihnen in der Zeitung ein paar freundliche Worte nachruft oder ihr Ende verschweigt.

Als Krause sich abmeldet und das Dienstzimmer des Chefs verlassen möchte, ruft der ihm hinterher: »Sag mal, Hans, kann sich das wiederholen?«

»Es wird ja nicht jeder Vater seiner Tochter eine Pistole hinterlassen.«

»Das meine ich nicht. Ich denke ...« Der Chef dreht die geöffnete rechte Hand auf Höhe des Kopfes.

Krause deutet die Geste richtig. »Natürlich. Verrückt werden können wir alle. Falls wir es nicht schon sind.«

Endstation

Nebel wallt durch den Kopf. Der Körper: eine Wattekugel. Nichts schmerzt mehr. Die Knochen spürt er so wenig wie die Eingeweide. Alles ist weich, wohlig, wunderbar. Wenn er an diesem Punkt angekommen ist, weiß er, warum er trinkt. Er weiß aber auch, wenn er aus dem Rausch erwacht, tut ihm alles wieder weh. Der Kopf schmerzt und der Magen auch, in den Schläfen pocht es hartnäckig, und auf den Beinen kann er kaum stehen. Wenn er jedoch die erste Flasche geleert hat, lässt das Bauchgrimmen langsam nach. Er muss als erstes ein Bier trinken, Kaffee kotzt er sofort wieder aus. Er muss den Magen besänftigen, ihm quasi die Morgengabe verabreichen. So findet er langsam in den Tag und das Scheißgefühl schwindet allmählich.

Schöller fürchtet sich vor dem Danach. Deshalb trinkt er so lange, bis er keinen Gedanken mehr an den folgenden Morgen hat. Wenn er voll ist, ist der Kopf leer. Bevor er aber diesen Zustand erreicht hat, stört ihn alles, was ihn daran hindert, dorthin zu gelangen. Das kann der fehlende Nachschub sein oder dusslige Gespräche. Dann reagiert er gereizt. Mancher verstummt, wenn er betrunken ist. Schöller nicht. Schöller reagiert aggressiv, ist auf Krawall gebürstet, wenn er einen intus hat. Er will Ruhe haben und eine Flasche. Mehr nicht. Wer ihn daran hindert, kriegt eine aufs Maul. So hat er es immer gehalten. Das hat ihm oft Ärger eingetragen. Von seinen 45 Lebensjahren hat er bislang 20 Jahre im Knast verbracht. Oder waren es noch mehr? Schöller hat die Erinnerung verloren. Das käme vom jahrelangen Trinken, haben ihm irgendwann die Ärzte gesagt. Seine intellektuellen Fähigkeiten, ohnehin unterdurchschnittlich, wären dadurch noch weiter eingeschränkt worden, haben sie gesagt. Er habe sein bisschen Verstand versoffen, hat Kriminaloberkommissar Karlotta gemeint.

Ein helles Licht ist er nie gewesen. Das trifft zu. In der Dorfschule hänselten sie ihn deshalb. Was ihm im Kopf fehlte, glich er mit den Fäusten aus. Seine Mutter, eine einfache Frau, die ihren Lebensunterhalt in einer der vielen Tuchfabriken im Oberlausitzer Bergland verdiente, war seinetwegen oft in die Schule bestellt worden. Von dem Wenigen, was sie verdiente, musste sie die Schäden bezahlen, die er angerichtet hatte. Zerbrochene Möbel, zerschlagene Scheiben, ruinierte Unterrichtsmittel. Sie konnte sich nicht durchsetzen bei ihrem Großen, obgleich der doch der Kleine war. Der Erstgeborene floh beizeiten aus der dörflichen Enge. Noch vor dem Mauerbau hatte er sich in den Westen abgesetzt. Einmal kam noch eine Karte aus Neuseeland. Danach hörte oder las man von ihm nie wieder etwas. Mitte der 60er Jahre war der Vater gestorben, kurz vor Schöllers Einschulung.

Als Schöller erstmals einen Mitschüler krankenhausreif schlug, schaltete sich die Jugendhilfe ein. Er kam in ein Heim für schwer Erziehbare. Die Erwartung jener, die solche Einrichtungen unterhielten und damit bestimmte Absichten verfolgten, erfüllte sich nicht. Was er noch nicht kannte, lernte er von den Mitinsassen. Wie man richtig zuschlägt, um einen außer Gefecht zu setzen, was man ersatzweise trinken kann, wenn kein Schnaps verfügbar ist und man sich trotzdem die Kante geben möchte, wie man in der Kaufhalle unbemerkt Dinge entwendet und dergleichen Lebensregeln mehr.

Natürlich sollten er und seinesgleichen auch einen Beruf erlernen, weshalb sie eine Lehre absolvierten. Schöller hatte darauf keinen Bock. Er lümmelte lustlos in der Berufsschule in der Bank, in dem Baubetrieb, wo die praktische Ausbildung erfolgt, entzog er sich jedem Zugriff. Als er den Spind eines Kollegen aufbrach und dessen Portemonnaie stahl, war das Ende der Fahnenstange erreicht. Man überstellte ihn aus dem Heim in den Geschlossenen Jugendwerkhof nach Torgau.

Der war in den 60er Jahren eingerichtet worden, um die Kriminalitätsstatistik ein wenig zu schönen. In Berlin ging man von der – ein wenig realitätsfernen – Annahme aus, dass mit dem Voranschreiten des Sozialismus die Kriminalität gesetzmäßig zurückgehen werde. Schließlich würden die ökonomischen Gründe – Armut, Hunger, Elend, Beschaffungskriminalität bei Drogenabhängigen, Zuhälterei usw. – beseitigt sein. Allerdings hatten die Genossen die Rechnung ohne die Menschen gemacht: Neid, Hass, Missgunst, Habgier, Faulheit, Geltungssucht, Eifersucht etc., was bekanntlich starke menschliche, wenngleich negative Antriebe sind, existierten fort. Sie verschwanden nicht einfach und darum auch nicht die Verbrechen, die aus diesen Motiven begangen wurden. Das bildete die Statistik ab.

So kam man wie stets in solchen Fällen auf die Idee, die Statistik ein wenig zu bearbeiten. Wenn die Wirklichkeit nicht den Wünschen und Plänen folgte, wurde eben deren Widerspiegelung renoviert und angepasst. Im Falle der Jugendkriminalität geschah das folgendermaßen:

Die Kinder- und Jugendheime, von denen es einige Hundert im Lande gab, unterstanden dem Ministerium für Volksbildung. Das war insofern logisch, als die dort aus unterschiedlichen Gründen Untergebrachten zur Schule gingen und einen Beruf erlernten, ehe sie mit 18 Jahren, wenn sie volljährig geworden waren, in die Gesellschaft entlassen wurden. Wenn ein Heiminsasse aber straffällig wurde, kam er automatisch in die Obhut des Ministeriums des Innern. Klaute etwa ein 17-jähriger Vollwaise aus dem Heim ein Moped, ging das in die Statistik des MdI ein. Das empfand man dort als Belastung, weshalb der Innenminister – eingedenk der wachsenden Lücke zwischen Anspruch und Wirklichkeit – an das Ministerium für Volksbildung mit der Bitte herantrat, Gesetzesübertretungen von Heimbewohnern auch innerhalb der Volksbildung zu ahnden. Auf diese Weise würden diese Fälle von Jugendkrimina-

lität aus der amtlichen Kriminalitätsstatistik heraus-
fallen.

Die Zuständigen im Volksbildungsministerium
wehrten sich geraume Zeit gegen dieses Ansinnen.
Schließlich wäre man für die Erziehung, nicht für die
Bestrafung verantwortlich, hieß es dort. Aber irgendwie einigte man sich dann doch und beschloss die
Einrichtung eines Geschlossenen Jugendwerkhofes.
Der Kompromiss bestand darin, nur eine einzige
Anstalt dieser Art zu etablieren und den Aufenthalt
dort auf maximal drei Monate zu beschränken. Je
nach Schwere des Vergehens sollten Jugendliche bei-
derlei Geschlechts befristet von ihrem Heim über-
stellt werden und danach dorthin zurückkehren. Die
Oberpädagogen hatten zudem nachgesucht, eine solche Einrichtung nicht unbedingt in einem Gefäng-
nis unterzubringen, weil dies der Läuterung des jungen Menschen nicht unbedingt dienlich sein und ein
schlechtes Licht auf diese Einrichtung werfen würde.

Das MdI entschied sich für Torgau an der Elbe.
Dort wurden bereits seit der Kaiserzeit Krimininelle
und Kriegsgefangene interniert – die Nazis verlegten
1943 sogar das Reichskriegsgericht von Berlin nach
Torgau, welches am Ort nicht nur urteilte, sondern
auch eine Vielzahl seiner Todesurteile vollstrecken
ließ. Und ausgerechnet eine 1901 als Militärarrestan-
stalt übergebene Einrichtung unweit der Elbe, die
von der Torgauer Gestapo um Arrestzellen erweitert,
von der Sowjetischen Besatzungsmacht als Untersu-
chungsgefängnis und dann vom Strafvollzug der
DDR genutzt worden war, öffnete 1964 der einzige

Geschlossene Jugendwerkhof der Republik. Vermutlich war diese Entscheidung von allen möglichen die schlechteste.

Der Geschlossene Jugendwerkhof wurde fortan von allen Einrichtungen der staatlichen Jugendhilfe genutzt. Von diesen gab es etwa ein halbes Tausend im Land. Da gab es erstens normale Heime, in denen elternlose oder entwicklungsgefährdete Kinder und Jugendliche untergebracht waren. Daneben existierten, zweitens, Spezialkinderheime, Sonderschulheime für verhaltensgestörte Schüler wie etwa Siegbert Schöller, und Jugendwerkhöfe. Eine dritte Form der Jugendhilfeheime waren die Aufnahmeabteilungen, in denen Kinder und Jugendliche zeitweise untergebracht wurden, welche von zu Hause oder aus Heimen abgehauen und von der Volkspolizei aufgegriffen worden waren.

Der Geschlossene Jugendwerkhof in Torgau war nicht, wie später behauptet, eine »Umerziehungsanstalt«, in welche Aufmüpfige und Unangepasste eingewiesen wurden, um sie passend zu machen für die Gesellschaft. Sondern es handelte sich um eine Einrichtung, in die auf- und straffällig gewordene Jugendliche vornehmlich aus den 32 Jugendwerkhöfen befristet eingeliefert wurden. Natürlich war das eine Strafmaßnahme. Dass es in anderen Ländern ebenso zuging, macht die Sache zwar nicht besser, zeigte aber, dass man in pädagogischer Hinsicht dort auch nicht viel weiter war.

Schöller riss die Wochen in Torgau ab. Als er in seine alte Einrichtung zurückkehrte, war er zwar größer, aber nicht unbedingt klüger. Mit 18 entließ man ihn ins Leben. Er war Vollwaise inzwischen, die Mutter hinterließ ihm den kleinen Hof.

Schöller lungert herum, hängt ab, trinkt. Die Obrigkeit sieht das nicht gern. In der DDR muss jeder einer geregelten Arbeit nachgehen, sonst gilt man als asozial. Wer nicht arbeitet, hieß es früher, soll auch nicht essen. Die aktuelle Adapation lautet: Wer nicht tätig ist, lebt auf Kosten der Gemeinschaft. Das ist im übertragenen wie auch im direkten Sinne nicht falsch. Wer keine regulären Einnahmen hat – wovon lebt dann so einer? In der DDR kennt man keine Kapitalerträge, keine Aktien, die eine Rendite abwerfen oder dergleichen. Und wer ein Wohnhaus vermietet, zieht daraus nicht einmal ausreichend Einnahmen, um die Instandhaltung sichern zu können. Schließlich sind die Mieten auf dem Niveau von 1937.

Die »zuständigen Organe«, die sich für Siegbert Schöller interessieren, schauen ihm also auf die untätigen Finger. Es gibt den § 249 StGB, seit 1978 lautet er: »Beeinträchtigung der öffentlichen Ordnung und Sicherheit durch asoziales Verhalten.

(1) Wer das gesellschaftliche Zusammenleben der Bürger oder die öffentliche Ordnung und Sicherheit beeinträchtigt, indem er sich aus Arbeitsscheu einer geregelten Arbeit entzieht, obwohl er arbeitsfähig ist, wird mit Verurteilung auf Bewährung, Haftstrafe oder mit Freiheitsstrafe bis zu zwei Jahren bestraft.

(2) Ebenso wird bestraft, wer der Prostitution nachgeht oder in sonstiger Weise die öffentliche

Ordnung und Sicherheit durch eine asoziale Lebensweise beeinträchtigt.

(3) In leichten Fällen kann von Maßnahmen der strafrechtlichen Verantwortlichkeit abgesehen und auf staatliche Kontroll- und Erziehungsaufsicht erkannt werden.

(4) Ist der Täter nach Absatz 1 oder 2 oder wegen eines Verbrechens bereits bestraft, kann auf Freiheitsstrafe bis zu fünf Jahren erkannt werden.

(5) Zusätzlich kann auf Aufenthaltsbeschränkung und auf staatliche Kontroll- und Erziehungsaufsicht erkannt werden.«

Eine Weile halten »die Organe« still, dann erteilen sie Auflassungen und weisen Schöller eine Arbeit zu. Als Hilfsarbeiter – die Maurerlehre schloss er im Heim nicht ab – heizt er fortan die Kessel in einer Tuchfabrik. Das einzig Angenehme, was er der langweiligen Arbeit abgewinnen kann, ist der Umstand, dass er fortgesetzt Durst hat und diesen auch stillen *darf*. Schließlich ist es im Heizungskeller immer sehr warm und trocken. Dass er die Brause stets mit Braunem oder Klarem streckt, merkt niemand.

Erst als er vorm Kadi steht, wird die Sache ruchbar. Schöller hatte sich unter den vielen jungen Frauen, die im Betrieb kichernd über den Hof laufen, die Webstühle überwachen und in der Kantine verkehren, ein Mädchen ausgeguckt. Gerda ist klein und ein wenig pummelig. Ihre mütterliche Art scheint Schöller mehr anzuziehen als alles andere, vielleicht findet er bei ihr jene Familienwärme und Nähe, die er als Kind und Jugendlicher nie erfuhr.

Gerda ist auch nicht die hellste Kerze auf der Torte. Aber sie ist hellwach und aufmerksam, und deshalb bekommt sie alsbald mit, dass ihr Freund nicht nur ihr, sondern auch dem Alkohol zugetan ist. Zudem reagiert er aufbrausend, wenn ihm etwas gegen den Strich geht. Zurechtweisungen mag er gar nicht. Wiederholt erlebte sie cholerische Ausbrüche, wenn sie selbstbewusst von ihm forderte, weniger zu trinken oder sie rücksichtsvoller zu behandeln. Je betrunkener er ist, desto härter reagiert er. Als sie ihn einmal aus ihrer kleinen Wohnung wirft, vergewaltigt er sie. Danach torkelt er von dannen und wirft wütend die Schaufensterscheibe im Dorfkonsum ein. Einen Mann, der zufällig des Weges kommt und ihn zur Rede stellt, streckt er mit zwei Faustschlägen zu Boden.

Vor Gericht zeigt er sich reuevoll und gelobt Besserung. Der ältere Richter, ein väterlicher Typ, lässt Gnade vor Recht ergehen, er will dem jungen Mann nicht Steine für das Leben, das noch vor ihm liegt, in den Weg legen. Erstens ist Schöller nicht vorbestraft, zweitens zum Zeitpunkt der Tat betrunken gewesen, und drittens weiß niemand von der Vergewaltigung. Gerda schweigt diesbezüglich. Über ihre Gründe lässt sich rätseln. Vielleicht ist es ihr peinlich, vielleicht will sie Schöller nicht schaden. Denn er bekommt eine Bewährungsstrafe. Wäre zu Körperverletzung und Sachbeschädigung auch noch Vergewaltigung gekommen, hätte er gewiss mehr als jene zwei Jahre bekommen. Und eine längere Strafe kann nicht zur Bewährung ausgesetzt werden.

Die Bewährung ist an Auflagen gebunden. Erfüllt er diese nicht, rückt er ein. Wie stets wird auch der Betrieb verpflichtet, sich um den Gestrauchelten zu kümmern. Niemand soll sagen, man habe nicht versucht, Schöller auf den rechten Pfad zurückzuführen. Aber offenkundig macht man Böcke zu Gärtnern: Jene, die regelmäßig in den Heizungskeller kommen und gemäß Weisung die Nähe von Schöller suchen, sich um ihn »kümmern«, haben selbst eine gewisse Affinität zum Alkohol. So wird denn bei einem Saufgelage gemeinsam die Schnapsidee geboren, sich der gefüllten Kantinen-Kasse zu bemächtigen, wenn die Betriebsweihnachtsfeier gelaufen ist. Denn, so die keineswegs nüchterne Logik: Wer viel Kohle hat, hat auch Ansehen und damit immer Weiber.

Daran herrscht bei ihm Mangel. Gerda hat Schöller längst den Laufpass gegeben.

So brechen denn Schöller und ein Saufkumpan im Vollrausch in die Betriebskantine ein und klauen die Kasse. Aus der Vorratskammer lassen sie auch noch reichlich Schnaps, Bohnenkaffee und ungarische Salami mitgehen. Trotz des vom Alkohol getrübten Blicks wissen und sehen sie, was gut und teuer ist. Das Diebesgut deponieren sie im Heizungskeller, weil es zu viel ist, um auf einmal nach Hause mitgenommen zu werden. Das soll peu à peu passieren.

Dabei jedoch werden sie vom Betriebsschutz gestellt. Schöllers nunmehr fällig gestellter Bewährungsstrafe wird die neue hinzugefügt. Alles in allem muss er nun für dreieinhalb Jahre hinter Gitter. Die sitzt er in Bautzens Gelbem Elend ab, jenem Knast, welcher seinen Namen den gelben Klinkersteinen verdankt, aus denen er um die Jahrhundertwende errichtet worden war.

Dort meldet sich Schöller – wie auch bei späteren Aufenthalten in diversen Strafvollzugseinrichtungen des Bezirkes Dresden – gleich zur Putzkolonne. Nicht, dass er ein besonders reinlicher Mensch wäre. Doch unter den Putzmitteln ist auch Klarofix, ein Glasreiniger vom VEB Domal Stadtilm, der viel Alkohol enthält. Um die weißen Plastikflaschen, genauer: um deren Inhalt »mit salmiakverstärkter Reinigungskraft mit Antistaubkomponente« prügeln sich die Häftlinge, die draußen an der Flasche hingen. Und von den Häftlingsentgelten – man wird auch zur Arbeit herangezogen, die man entweder in der Zelle verrichtet oder in Produktionsstätten außerhalb der Gefängnismauern – erwirbt Schöller mit den ausgegebenen Einkaufsmarken vorzugsweise

Bautzens Gelbes Elend, in welchem Schöller einsaß. Aufnahme der heutigen Justizvollzugsanstalt

Pitralon: hochprozentiges Rasierwasser, das zu schade ist, um äußerlich angewendet zu werden.

Als sich die DDR aus der Geschichte verabschiedet, sitzt Schöller gerade eine zweijährige Haftstrafe ab. Im Rausch fiel ihm die glühende Kippe aus dem Mund. Er konnte sich retten, seine Wohnung hingegen nicht. Die darüber liegende auch nicht. Und die darunter befindliche ebenfalls nicht. Das Löschwasser nahm den Weg, den auch der Regen stets zu nehmen pflegt: von oben nach unten.

Schöller versucht erst gar nicht, den politischen Gezeitenwechsel außerhalb der Gefängnismauer für sich nutzbar zu machen. Im Unterschied zu anderen, die sich als politische Opfer gerieren, um freizukommen (was in vielen Fällen auch gelingt), unterlässt es Schöller, einen solchen Antrag zu stellen. Dabei gibt weniger Realitätssinn den Ausschlag, sondern sein Phlegma.

Dass eine neue Zeit auch im Knast angebrochen ist, merkt er spätestens, als die neuen Putzmittel kommen. Die sind zwar in bunte Flaschen gefüllt, enthalten aber kaum Alkohol. So nimmt er denn dankbar das Angebot der Justiz an, ein halbes Jahr vor der Zeit das Etablissement zu verlassen.

Es zieht ihn in die Großstadt, nach Leipzig. Dort findet er rasch Anschluss an eine WG, deren Mitglieder von staatlicher Stütze, Gelegenheitsarbeit und Bettelei leben und den größten Teil des Tages dafür sorgen, dass die Brauereien und Brennereien nicht arbeitslos werden. Und dass der Staat, dem sie doch zur Last fallen, trotzdem an ihnen verdient. Schließlich enthält jede Flasche nicht nur Alkohol, sondern ihr Preis auch eine Mehrwertsteuer. Die Leipziger Schnapsdrosseln sind jedoch ein wenig cleverer als Schöller aus der Niederlausitz, weshalb er sich von ihnen über den Tisch gezogen fühlt und alsbald nach Berlin weiterzieht. Auch dort findet er Brüder im Weingeiste. Die Berliner sind noch einen Tick ausgeschlafner als die Leipziger, weshalb Schöller in der Hauptstadt erst recht nicht warm wird und an der Spree die Zelte wieder abbricht. Er kehrt in die angestammte Heimat zurück und macht Quartier in Görlitz. Man schreibt das Jahr 1992.

Die Wohnung, die er bezieht, befindet sich in einem runtergekommenen Viertel mit Häusern aus der Gründerzeit. Die Häuser sind innen wie außen malade. Die großen Sanierer aus dem Westen verirren sich noch nicht an die östliche Grenze des vereinigten Vaterlandes, und Bund und EU sind erst dabei, Fördermittel für den notleidenden Osten bereitzustellen. Die abgelegene Stadt an der Neiße ist ein architektonisches Freiluftmuseum im Dornröschenschlaf. So lange aber der Prinz nicht kommt, geht der Verfall weiter und bleiben die Mieten niedrig.

Schöller schart seine alten Knastbrüder um sich, sie umschwirren ihn wie Motten das Licht. Respekt nötigt denen nicht nur sein langes Vorstrafenregister ab, sondern auch die Tatsache, dass er – im Unterschied zu ihnen – was »von der Welt« gesehen hat. Für die meisten ging die weiteste Reise allenfalls bis Dresden. Zudem führt Schöller auch das große

Wort, er ist der Leitwolf, das Alphatier im Säuferrudel. Was Schöller sagt, wird gemacht. Und wer ihm nicht freiwillig folgt, kriegt eins aufs Maul. Das ist eine Sprache, die versteht jeder selbst im Vollrausch.

In den dunklen Monaten bechert man in Schöllers Wohnung, die bald einer Müllkippe gleicht, weshalb man ins Freie zieht, als der Frühling anbricht. In der Grünlanlage am Lutherplatz, hin zur Landeskronstraße, wo Schöller wohnt, leeren sie ihre Flaschen, quatschen, rauchen und schweigen. Meist sind sie stumm und starren geradeaus. Man erhebt sich nur, wenn man sich erleichtern oder Nachschub holen muss. Die Menschen schlagen kopfschüttelnd einen Bogen um den Trupp. Nicht nur, weil es nach Pisse und Erbrochenem stinkt. Es ist die Abscheu vor Leuten, die die Tage sinnlos verdämmern und sich alimentieren lassen. Früher, sagen jene, die die Nase darüber rümpfen, hat es so was nicht gegeben. Früher, und das meint die DDR-Zeit, wäre der ABV gekommen. Der hätte schon dafür gesorgt, dass dieses Gesocks weggekommen wäre.

Das ist wohl wahr. Sie wären nicht mehr hier – und würden dann eben anderswo saufen. Knast war auch schon damals keine Lösung. Aber Recht haben die arbeitenden und Steuern zahlenden Bürger insofern, als sie den misslichen Zustand der neuen Zeit bemerken: Jetzt muss sich jeder um sich selber kümmern. Und wer das nicht kann, weil er es nie gelernt hat oder dazu unfähig ist, strauchelt und strandet. Das ist eben die Freiheit: Man kann sich zu Tode saufen, weil man es darf. So lange die Interessen anderer oder gar deren Eigentum nicht bedroht sind, kann jeder nach seiner Façon selig werden und dabei auch verrecken.

Im Unterschied zu Schöller haben das selbst seine Saufkumpane begriffen. Als nämlich an einem lauen Juniabend anno '93 Nachschub nötig wird und der Kiosk, aus dem sie diesen beziehen, bereits geschlossen hat, worauf Schöller vorschlägt, diesen zu knacken, regt sich in der Runde Widerspruch. Einer droht sogar, die Polizei zu rufen, wenn Schöller dies wahrmache.

Schöller hat zwar kaum noch Verstand, aber sein Kurzzeitgedächtnis funktioniert noch einigermaßen. Er merkt sich erstens das Gesicht, aus dem die Drohung kam, und zweitens fällt ihm ein, dass er daheim noch eine Flasche Klaren habe. Mit Gejohle bricht der Trupp auf und folgt Schöller süchtig wie ergeben. Drei Männer und eine Frau trampeln die Stiege hinauf und hinein in das Drecksloch, das von leeren Flaschen und überquellenden Aschenbechern nur so strotzt. Doch dafür haben sie weder Augen noch Nasen, sie suchen nur nach dem Fusel, dem Treibstoff, der sie am Leben hält.

Schöller kramt herum und findet nach einiger Zeit tatsächlich eine Flasche mit klarer Flüssigkeit. Der Schreihals von vorhin, inzwischen auf dem Sessel eingenickt, wird von dem Glücksschrei der Meute aufgeweckt und lallt mit ihnen: Her, her, ich will auch einen Schluck!

Du nicht, entgegnet Schöller, denn in seinem Hirn flackert Rotlicht. Diese Sau wollte mich an die

Bullen verpfeifen! Dann langt er nach dem Mann in seinem Alter, legt den Arm um dessen Kopf, drückt zu, bis es knackt, und schleudert ihn zu Boden. Er wirft sich feixend auf den Wimmernden, wie er es mal im Fernsehen sah, als sich zwei langhaarige Muskelprotze in einem Boxring verprügelten. Wrestling hieß das.

Schöller erhebt sich von dem Mann, tritt ihm in den Leib, in den Schritt, ins Gesicht, lässt sich mit dem Gesäß auf dessen Kopf fallen und fordert die beiden anderen auf mitzutun. Die sind entweder zu blau oder von diesem Gewaltausbruch derart abgeschreckt, dass sie der Einladung nur zögernd nachkommen. Auch Schöller hat bald keine Lust mehr.

Schöllers Wohnhaus in der Landeskronstraße. In der dritten Etage starb 1993 ein Mensch bei einer Gewaltorgie. Die Polizei untersucht den Tatort und sichert Blutspuren am Kachelofen

Das Opfer ist bewusstlos und schreit und stöhnt nicht mehr. Außerdem braucht er selbst was zu trinken, doch die Flasche ist leer. Es ist gegen neun, irgendein Laden wird wohl noch aufhaben, denkt er, wo man nachtanken kann.

So trampeln die drei die Treppe hinunter ins Freie und torkeln die Straße entlang auf der Suche nach Alkohol. Auf dem Rückweg treffen sie zwei Vierzehnjährige, die im Oberstübchen ebenfalls nicht gut möbliert zu sein scheinen, denn der kichernden Einladung der Frau, ob sie mal eine Leiche sehen wollten, folgen sie ohne Zögern.

In der Wohnung liegt der Mann in seinem Blute, so wie sie ihn zurückgelassen hatten. Und nachdem die neue Flasche einmal die Runde gemacht hat, springt Schöller mit voller Wucht neuerlich auf den Brustkorb. Er tritt und langt zu, die Jungen sind starr vor Schreck, wie sie später bei Gericht aussagen werden, schlagen dann aber auch mit, weil ihnen Schöller eine Tracht Prügel angeboten hat, würden sie sich verweigern. So treten, schlagen, springen sie so lange auf den Toten ein, bis sie die Müdigkeit übermannt. Am Morgen gegen sechs zerren sie gemeinsam den Leichnam in den Hausflur und verstecken ihn in einem Holzverschlag, wo er jedoch noch am gleichen Tage entdeckt wird. Im Obduktionsbericht heißt es, dass »kein Organ frei von Schäden, keine Rippe mehr intakt« gewesen sei.

Die Täter sind rasch ermittelt wie auch der Alkoholpegel bei Schöllers Festnahme: 3,98 Promille. Für normale Menschen ist das eine tödliche Dosis.

Der Staatsanwalt weist die sofortige Überführung nach Großschweidnitz an, wo sich das Fachkrankenhaus für Psychiatrie befindet.

Das Gericht stellt die Brutalität und die Intensität heraus, mit der Schöller sein Opfer quälte. Doch es verurteilt ihn nicht wegen Mordes, sondern wegen Vollrausches. Die *Sächsische Zeitung* titelt mit Sarkasmus: »Alkohol schützt nicht vor Strafe. Aber er kann sie kräftig mildern.«

Fünf Jahre bekommt Schöller, die Mittäter werden zu dreieinhalb und zu drei Jahren verurteilt, die beiden Teenager gehen straffrei aus.

Als das Urteil publik wird, regt sich Widerspruch, vox populi artikuliert Unverständnis. Ein Jurist muss öffentlich erklären, dass laut Strafrecht nur der zur Verantwortung gezogen werden dürfe, der »mit Schuld« handelte. Wer krank ist, könne nicht bestraft werden, er ist schuldunfähig. Wer aufgrund übermäßigen Alkohol- oder Drogenkonsums eine Straftat begeht, ist ebenfalls schuldunfähig. Er könne allenfalls für das »Sich-Berauschen«, welches den »Verlust aller Hemmungen zur Einhaltung von rechtlichen Verhaltensnormen bewirkt«, belangt werden. Der Strafrahmen reiche bis zu fünf Jahren Haft, der in Schöllers Fall ausgeschöpft worden sei. Aber, so räumt der Anwalt ein, es gebe zwischen diesem Urteil und der bei Mord üblichen lebenslangen Strafe »durchaus ein offenkundiges Missverhältnis«.

Schöllers Strafe besteht aus zwei Teilen: fünf Jahre Haft und anschließend Entziehungskur. Denn, und diese Annahme scheint nicht unbegründet, in der

JVA kommt man auch an Alkohol. Der Aufenthalt dort bedeutet nicht zwingend Entzug. Also 1998: Einweisung in die Klinik in der Jochmannstraße in Görlitz, wenn die Strafe abgesessen ist.

Unmittelbar nach der Bundestagswahl 1998 meldet sich Schöller in der Görlitzer Klinik.

Nach Erledigung der Formalitäten bringt ihn die Schwester auf Station. Die Räume für die Alkoholkranken und Suchtgefährdeten befinden sich im Erdgeschoss. Sie öffnet eine Tür. Dahinter stehen vier Betten, nur eines ist noch frei.

Die Enttäuschung ist Schöller anzusehen. Die Einrichtung ist mehr als spartanisch. Wegen der Bäume vorm Haus fällt wenig Licht ins Zimmer, zudem riecht es muffig. Trotz Bohnerwachs und

Anlaufpunkt für Alkoholkranke und Suchtgefährdete: die Psychiatrische Klinik in Görlitz

Desinfektionsmittel. In der Ecke sieht er eine Waschbecken. Wo ist die Duschzelle, erkundigt er sich. Über den Flur, hört er. Eine für alle.

Da war es ja im Knast angenehmer. Vor allem musste er sich die Zelle nicht mit drei Kerlen teilen.

Die Schwester weiß, was der Neue denkt. Wobei neu: Unbekannt ist er ihr nicht. Schöller ist kein unbeschriebenes Blatt, seine Vita kennt in Görlitz fast jeder, der die Polizeiberichte liest. Sie weiß auch, was ihn in den nächsten Tagen erwartet. Und ebenfalls, was dann auf das Personal zukommt. Die jahrzehntelange Trunksucht verändert Psyche und Physis, das sieht man schon am Gang und an der Bewegung der Augen. Und nun, wenn abrupt der Alkohol abgesetzt wird, wächst der Saufdruck. Die Gereizheit und Agressivität, die ohnehin vorhanden sind, nehmen zu, Schöller wird von Übelkeit und Schlafstörungen, von Krämpfen und Depressionen heimgesucht werden wie andere vor ihm. Die Zwangsjacke, von den Patienten »Hab-mich-lieb-Jäckchen« genannt, weil die Arme um den Körper geschlungen werden, gehört zu den dann häufig eingesetzten Hilfsmitteln, wenn die Leute um sich zu schlagen beginnen.

Und Schöller ist ein Schläger!

Ob diese Entwöhnungskur in einer therapeutischen Gemeinschaft erfolgreich sein wird, ist kaum vorhersagbar. Doch beim Typus Schöller hat nicht nur die Schwester Zweifel. 85 Prozent werden rückfällig. Die spulen hier das Programm ab, zu dessen Absolvierung sie verurteilt wurden. Und sobald sie wieder draußen sind, fallen die meisten rasch in das alte Muster zurück. Sie saufen, bis die Krampfadern, die sich im Laufe des Säuferlebens in der Speiseröhre bilden, eines Tages platzen und sie innerlich verbluten. Oder bis Leber und Nieren ihre Funktionen einstellen, das Herz schlappmacht, die Bauchspeicheldrüse die Zellen um sich frisst oder der Krebs den Verdauungstrakt zersetzt. Nicht zu reden vom Gehirn. Aber an Demenz stirbt man nicht.

Das alles ist selbst den Trinkern bekannt. Und dennoch schlucken sie rücksichtslos gegen sich und ihre Angehörigen oder Mitmenschen.

Die Schwester geht, Schöller läuft reihum und gibt jedem die Hand. Wenn er im Knast etwas gelernt hat, dann dieses: Man muss auf die Leute zugehen und sich nicht absondern. Es ist diese »Gemeinschaft im Graben«, die sich kollektiv der feindlichen Umwelt zur Wehr setzt. Gemeinsam ist man stark. Es ist allerdings nur ein zeitweiliges Bündnis, welches in dem Moment aufgekündigt wird, wenn man den Raum verlässt.

Schöller hält die erste Woche, die die schwerste und schlimmste ist, durch. Nach sieben Tagen kann er die Tasse zum Munde führen, ohne dass er den Pfefferminztee verschüttet. Der Tee bleibt auch in ihm drin. Er nimmt leichte Nahrung zu sich, schluckt Medikamente, die die Entgiftung des Körpers unterstützen. Dann wird er in die Theraphiegruppe eingeführt. Draußen, im Garten, steht eine grüne Baracke. Rings um einen runden Tisch sitzen die Patienten, Frauen und Männer, und beschäftigen

Die grüne Baracke, in der Therapiesitzungen erfolgen

sich oder werden beschäftigt mit leichten Verrichtun-
gen. Da ist das gesellschaftliche Strandgut zu besichtigen, das in zehn bis sechzehn Wochen fürs Leben
draußen auf Kosten der Krankenkassen fitgemacht
werden soll. Hier sitzen jene, deren »Psyche, Körper
oder sozialer Bereich schwer gestört sind«, wie es
heißt, kranke Menschen, die von ihrem »Umfeld
nicht ausreichend gestützt« werden, wo »keine beruf-
liche Integration besteht, die Wohnsituation nicht
gesichert ist«.

Neben Schöller nimmt eine Frau Platz, der man
ihre Vergangenheit ansieht. Aus einem schmalen,
blassen Gesicht ragt eine spitze Nase. Die umränder-
ten Augen liegen tief in den Höhlen. Die Figur: kno-
chig und ohne jede frauliche Kurve. Sie sagt, sie
heiße Klara Wagner, schlägt dabei aber die Augen zu
Boden und sieht Schöller nicht an. Der knurrt kurz
seinen Namen und gibt ihr die Hand.

112

»Wie lange bist du schon hier?«, fragt er. Hier duzen sich alle.

»Zwei Wochen«, sagt sie mit leiser Stimme, die so klingt, als käme sie aus einem Reibeisen.

»Hm«, entgegnet Schöller und weiß nicht weiter.

Die Frau will nun wissen, woher er komme.

»Ausm Knast«, sagt Schöller. Mehr sagt er nicht. Kann aber auch sein, dass er den Grund schon vergessen hat, weshalb er diesmal einsaß. Sein Gedächtnis hat Löcher wie ein Schweizer Käse – ohne dass Schöller wüsste, was überhaupt ein Schweizer Käse ist.

Die Frau scheint ein wenig klarer im Kopf und sucht erkennbar Kontakt. »Was bist du für ein Jahrgang?«

»Hä?«

»Ich meine: Wann bist du geboren?«

»1959, glaube ich.« Schöller überlegt. Dann nickt er wie zur Bestätigung. »Ja, 1959.«

»Und wo?«

Er macht eine Bewegung mit Kopf und Schulter, die in unbestimmte Richtung nach draußen weist. Das ist natürlich albern, niemand nimmt an, dass er in dieser Baracke zur Welt gekommen ist. Die Frau schweigt höflich und greift sich ein Stück Stoff aus der Mitte des Tisches. Sie sollen die einfarbigen Seidenschals mit Textilfarben künstlerisch bemalen, wie die Ergotherepeutin eingangs gesagt hatte.

»Dann sind wir ein Jahrgang«, sagt die Frau und lockert gewissenhaft die eingetrockneten Borsten ihres Pinsels.

»Bist du zum ersten Mal auf Entzug?« Sie gibt keine Ruhe. Schöller merkt, wie ihm der Kamm zu schwillen beginnt.

Seinem kurzen Ja folgt die Erklärung, dass sie bereits zum zweiten Mal hier sei. Gleich nach der Wende habe sie sich einliefern lassen.

Schöller grunzt und stippt kräftig den Pinsel in ein Farbtöpfchen.

»Nicht so viel. Nur vorsichtig die Spitze eintauchen. So.« Die Frau demonstriert es mit ihrem Malwerkzeug. Schöller glotzt. Mein Gott, was soll der ganze Scheiß? Er will hier seine Tage abreißen und in Ruhe gelassen werden. Das ist doch alles Quatsch. Er hat in der Schule zum letzten Mal einen Tuschkasten gesehen und benutzt, das ist nun … das ist nun ganz schön lange her. Warum muss er sich jetzt damit quälen?

Die Frau zieht den Stoff auf der Malunterlage glatt und tupft überall bunte Kleckse drauf. Dabei lächelt sie wie ein Kind, dem man einen Wunsch erfüllt hat.

»Macht dir das Spaß?« Schöller versteht das alberne Getupfe nicht.

Ja, antwortet sie kurz, das bereite ihr Freude.

»Mir nicht.«

»Warum nicht?«

»Keine Ahnung. Is eben so.« Schöller hatte schon immer Mühe, Gefühle oder Sachverhalte zu beschreiben. Neben dieser Nervensäge geht es erst recht nicht. Auf der anderen Seite ist er froh, dass jemand mit ihm redet.

»Sieh mal, das ist doch hübsch.« Die Frau hält ihm das Tuch vor die Nase. »Ein Himmel voller Smarties.«

»Fehlt noch der Mond.«

»Ja, mach ich. Vollmond oder Sichel?«

»Mein Gott, das ist mir doch egal. Meinetwegen einen Neumond.«

»Also nichts?«

»Wieso: nichts? Ein Neumond ist doch ein Mond?«

»Bist du doof? Neumond kann man nicht sehen, das ist die Phase, bevor er wieder zunimmt.«

»Neumond ist kreisrund.«

»Das ist Vollmond.«

Schöller kocht innerlich. Er lässt sich nicht als Idioten beschimpfen, schon gar nicht von so einer Votze. Am liebsten würde er ihr eine reinhauen. Doch er weiß, dass die Ergotherapeutin ihn beobachtet. Das würde nicht so gut ankommen, wenn er eine Frau schlüge. Er schluckt seinen Unmut herunter. Und schweigt.

Nach einer Weile meldet sich die Frau wieder. »Bist du eingeschnappt?« Er spürt ihre Hand auf seinem rechten Unterarm. Was soll das denn? Er zieht ihn weg und tupft mit dem Pinsel in die Farbe.

Das Klinikgelände an der Jochmannstraße ist so riesig nicht, dass man sich aus den Augen verlöre. Zudem gibt es Gruppensitzungen, die man zu besuchen gezwungen ist. Erstens wegen der Auflagen, zweitens um den Tag rumzukriegen. Die Zeit zieht sich zwischen Aufstehen und Zubettgehen unendlich lang hin. Früher füllte man die Zeit damit, dass man sich selber abfüllte, rauchte und fernsah. Jetzt bleibt nur das öde Fernsehn und das Rauchen. Und dafür muss man extra ins Raucherzimmer oder vor die Tür. Überall trifft Schöller jedoch auf die Wagner. Es ist wie verhext: Er kann sich ihr nicht entziehen.

Ihn nervt ihre Aufdringlichkeit. Das hat etwas von Vereinnahmung. Er will sich von keinem Menschen vereinnahmen lassen. Das ist wie Überwachung. Er hasst Kontrollen. Er lehnt es ab, sich von anderen sagen zu lassen, was er machen muss, wie er sich verhalten soll. Der Witz dabei ist – was ihm offenkundig nicht bewusst ist: Er selbst sorgt immer dafür, dass genau dies geschieht. Die Hälfte seines Lebens hat er in geschlossenen Einrichtungen verbracht, wo ihm andere seinen Tagesablauf diktierten.

Vielleicht sind ihm die Phasen, wo das Regime ein wenig lockerer ist, darum besonders wichtig, schätzt er dann die relative Freiheit besonders hoch. Vielleicht also stört ihn dann bereits jegliche Freundlichkeit, weil er sie als unzulässige Annäherung wertet.

Schöller reflektiert das nicht so. Das schafft sein Gehirn nicht oder nicht mehr. Vermutlich war er auch ganz früher, als seine grauen Zellen noch intakt waren, dazu nicht in der Lage. Mag sein. Doch er kann empfinden, wenngleich lediglich bruchstückhaft. Und irgendein Gefühl sagt ihm, dass er diese Frau meiden soll.

»Du gehst mir auf den Sack«, brüllt er sie an, als sie ihn mal wieder um Feuer im Freien angeht.

»Wieso«, sagt das kalkfarbene Spitzgesicht. »Wieso gehe ich dir auf den Sack? Hast du überhaupt noch einen?«

Schöller hebt bereits den Arm und lässt ihn gleich wieder sinken.

Die Frau kichert. Sie hat einen Witz gemacht. Manchmal hat sie lichte Momente, da ist sie im Kopf klar wie in ihren besseren Tagen. Und darum weiß sie, dass der körperliche Verfall bei Alkoholikern alle Bereiche betrifft. Je länger man trinkt, desto weniger funktioniert man. Männer machen besonders schnell schlapp, der natürliche Alterungsprozess unterm Gürtel erfährt eine dramatische Beschleunigung. Vielleicht ist Schöller deshalb besonders gereizt, denkt sie, und verfällt der aberwitzigen Idee, sie würde als Frau noch immer auf Männer wirken. Wie einst, als sie Klaus kennenlernte und er es ihr besorgte. Ach, Klaus, der Mann, von dem sie drei Kinder hat und der sie wegen einer Jüngeren verließ. Sie will nicht wahrhaben, dass es nicht die fremde Frau, sondern die Flasche war, an der sie hing, weshalb er fortging.

Schöller mustert sie aus Augenschlitzen. Der Blick wandert unstet, er irrlichtert über das schmale Gesicht und den ausgezehrten Körper. Es sieht aus, als arbeite es hinter seiner Stirn, als bewege sich da irgendetwas, als eilten Gedanken hin und her. Wie sollten sie? Schöller ist ratlos. Er weiß nicht, wie er mit der Situation umgehen soll. Was kann er mit der Frau machen, dass sie ihn in Ruhe lässt?

»Sag Klara zu mir.«

Schöller schweigt. Sein Gesicht wirkt einfältig, der Blick geht an der Frau vorbei in die Ferne.

»Wie heißt du?«

»Schöller.«

»Das ist dein Familienname. Ich möchte wissen, wie du mit Vornamen heißt.

»Siegbert.« Die Antwort ist kurz, kein Luftzug zu viel. Schöller schaut in den Garten.

»Also Siggi.«

Schöller grunzt. Man kann dies als Zustimmung verstehen. Er selbst kann sich nicht erinnern, jemals mit »Siegbert« gerufen worden zu sein. Vielleicht taten's die Lehrer in der Schule. Oder die Vernehmer bei der Polizei. Bestimmt. So vertraulich ging man dort nicht mit ihm um, obgleich er den Polizisten vertraut war. Schließlich war er Stammgast bei ihnen.

Im Knast war er immer der »Siggi«. Selbst die Schließer riefen ihn so. Siggi, mach mal dies, Siggi, mach mal das! Siggi, lass das, sauf nicht so viel Klarofix. Das verätzt dir die Einweide und löscht auch noch den Rest deines Verstandes, der dir geblieben ist! Siggi, Siggi, Siggi …

Nee, ich will nich, ich will Ruhe.

Die Frau drückt die Kippe in den Sandeimer mit Ständer. Schöller nimmt noch einen Zug und folgt ihrem Beispiel. Er will gehen. Aber wohin soll er den Schritt lenken, die Alte folgt ihm bestimmt? Die macht erst vor der Klotür Halt und wartet dann wie ein Hund vorm Konsum, bis Herrchen oder Frauchen wiederkommt. Er weiß nicht, wie er die lästige Klette abschütteln kann.

»Gehen wir ein paar Schritte?«

Er hat es geahnt. Schweigt und verharrt unschlüssig.

»Da hinten ist eine Bank. Die ist gerade frei. Da können wir uns hinsetzen und eine rauchen.« Sie weist mit dem gestreckten Finger in die Richtung.

»Wir haben doch gerade erst geraucht.«

»Wir können ja eine Weile warten.«

»Worauf?«

»Ehe wir eine rauchen.«

Hm, macht Schöller und schlenkert ein Bein vor. Er ist die Bewegungsstörungen noch immer nicht los. Die Schwester, die er darauf ansprach, hatte gesagt, dass das schon noch werde. Das war nur dahingesagt, doch Schöller nahm es für bare Münze, weil er glaubt, was er glauben will. Deshalb fragt er die Schwester täglich, weil er keine Veränderung verspürt. Wann wird es denn nun, erkundigt er sich verärgert. Und jedes Mal bekommt er zu hören: Das wird schon noch. Er müsse nur Geduld haben und Tee trinken. Viel Tee, denn sein Körper sei ausgetrocknet.

Er habe doch immer getrunken, hat er darauf entgegnet, deshalb sei er schließlich hier. Jaja, sagt die Schwester, nur leider immer das Falsche. Alkohol entzieht dem Körper Flüssigkeit. Das ist medizinisch nicht korrekt, aber was soll sie ihm auch ausführlich erklären, Schöller versteht es ja doch nicht. Es genügt bereits, wenn er tut, was man ihm heißt: viel trinken. Das mache ihn zwar nicht gesund, aber verlängert sein Leben ein wenig.

Die beiden Alkoholiker wackeln der Bank entgegen und lassen sich nieder wie ein altes Ehepaar. Schweigend starren sie eine Weile vor sich hin. Irgendwann kramt Schöller seine Zigaretten hervor. Unschlüssig hält er die Schachtel in der Hand, schließlich reicht er sie hinüber. Die Frau umschließt mit einer Hand die seine und fingert mit der anderen eine Zigarette heraus. Ob sie seine Hand festhält, weil diese zittert wie die ihre, oder ob es dafür andere Gründe gibt, lässt sich schwer feststellen. Sie tut es eben.

Dann gibt er ihr Feuer. Und zündet sich selbst eine Zigarette an. Sie nehmen einen tiefen Zug. Und schweigen weiter. Die Vögel zwitschern in den Bäumen. Die Sonne blinzelt durch die Blätter.

»Was ist heute für ein Tag?« Die Frau beendet das Schweigen, als die Zigaretten fast aufgeraucht sind.

Schöller hebt die Schultern. Er weiß es nicht.

»Ich glaube, es ist heute Mittwoch.«

»Mir egal. Ob Mittwoch oder Sonntag – was macht das für einen Unterschied.«

»Sonntag gibt es Kuchen.«

»Ich esse keinen Kuchen.«

»Gab es bei dir zu Hause am Sonntag nie Kaffee und Kuchen? Mit der Familie?«

»Hab keine Familie.«

»Sag nicht so was. Jeder hat eine Familie.«

»Ich nich.«

»Du musst doch Vater und Mutter gehabt haben, sonst gäbe es dich doch überhaupt nicht.«

»Sind beide tot.«

Schöller merkt nicht, wie die Frau ihn in ein Gespräch zieht, das er überhaupt nicht führen wollte und noch immer nicht will.

»Schon lange?«

»Hm.« Schöller weiß nicht mehr, wann die beiden starben, er kann nicht einmal sagen, wo ihre Gräber sind. Vielleicht gibt es auch keine mehr. Ist alles schon so lange her. Er kann sich nicht erinnern. Er will es auch nicht. Wozu auch. Nur das Heute ist wichtig. Das Morgen interessiert ihn auch nicht.

»Hast du Geschwister?«

»Ich glaube, da gab es einen älteren Bruder.«

»Warum glaubst du nur?«

»Der ist weggegangen, als ich noch klein war. Er hat sich nie wieder gemeldet.« Langsam dämmert ihm was. »Sag mal, ist das ein Verhör? Bist du von der Polizei oder was?« Wütend versucht er sich zu erheben, aber es gelingt ihm nicht. Vielleicht aber liegt es auch an der Hand, die ihn sanft zurückzieht. Er plumpst hart auf das Holz. Das schmerzt. Er hat kaum ein Gesäß, die Knochen sind auch dort nur noch von faltiger Haut überzogen. Schmerzhaft verzieht er das Gesicht.

»Quatsch. Ich will nur mit jemandem reden. Du etwa nicht?«

»Nee. Ich bin froh, wenn ich nichts höre. Höre ohnehin zu oft Stimmen in meinem Kopf.«

»Kenne ich.« Die Frau wiegt Kopf hin und her. »Und dann trinkt man so lange, bis sie wieder verschwinden.« Dann schweigt auch sie wieder und kehrt den Blick nach innen.

»Rauchen wir noch eine?« Jetzt kramt sie ihre Schachtel hervor. Es ist eine andere, teure Marke. Das sieht Schöller sofort.

»Biste was Besseres?«

»Warum?« Sie sieht Schöllers auf die Zigarettenschachtel gerichteten Blick. »Ach so. Nein, das ist der einzige Luxus den ich mir leiste.«

»Kannste dir den leisten?«

»Stütze, Kindergeld und mein Ex-Lebensgefährte zahlt Alimente. Ja, es reicht.«

»Wie viele Kinder hast du?«

»Zwei Mädchen und einen Jungen. Als die Jüngste unterwegs war, ist mein Mann ausgezogen.«

»Wegen dem Kind?«

»Nein. Weil er eine Jüngere hatte. Das habe ich doch schon gesagt.« Jetzt geht ihre Stimme erregt in die Höhe. »Hör doch mal zu, wenn ich was erzähle.«

Schöller senkt den Kopf und sagt nichts. Er weiß nicht mehr, ob sie ihm das schon gesagt hat oder nicht. Interessiert ihn auch nicht. Er schaltet jetzt auf Durchgang.

»Ich habe dir das doch erzählt«, beharrt sie und zieht an der Zigarette. Die Hand zittert, der Kopf wackelt.

»Ich gehe jetzt«, sagt Schöller und nimmt erneut Anlauf.

»Bleib doch noch.« Sie verlegt sich aufs Betteln. Ihre Stimmlage ist wieder normal. In der Ferne ziehen Patienten durchs Grün, die Vögel zwitschern.

Schöller ist unschlüssig. Das ist ein Fehler. Er hat verloren. Als sie sagt, sie werde jetzt über sich erzählen, nachdem sie alles von ihm erfahren habe, ergibt er sich. Er kapituliert schweigend.

Sie beginnt auch gleich zu schnattern. Ohne Punkt und Pause. Selbst wenn Schöller wollte, würde er sie mit keiner Zwischenfrage unterbrechen und zum Innehalten bewegen können. Er beginnt dumpf zu ahnen, warum der Mann geflüchtet ist. Die Alte ist nicht zum Aushalten.

Sie stamme aus ordentlichen Familienverhältnissen und habe Zwirnerin in der Volltuchfabrik gelernt, plappert sie. Auch ihre beiden Schwestern hätten dort eine Lehre gemacht. Dann habe sie Klaus in der Disko kennengelernt. Der hatte Geld wie Heu. War Bauarbeiter und in Berlin auf Montage. Denen haben sie es doch damals hinten und vorn reingeblasen, sagt sie gleichermaßen anerkennend wie angewidert. »FDJ-Initiative Berlin« hieß das. Um die Hauptstadt zum Schmuckkästchen zu machen, haben sie alle Bauarbeiter aus der Republik abgezogen und die anderen Städte verfallen lassen.

Schöller hat auf Durchgang geschaltet. Der Weg von einem Ohr zum anderen ist kurz, ein Filter nicht dazwischen. Lass sie kakeln, denkt er, und spielt weiter geduldig – was überhaupt nicht seinem Naturell entspricht – das seelische Kotzbecken.

»Mit 23 kriegte ich unsere Große. Ein süßes Kind. Meine Mutter war verärgert, weil wir nicht verheiratet waren. Ein uneheliches Kind habe es noch nie in der Familie gegeben, hat sie gesagt. Mutter, habe ich gesagt, wir leben ohne Trauschein wie Mann und Frau zusammen. Das interessiert heute niemanden mehr, ob man verheiratet ist oder nicht. Es gibt die eheähnliche Lebensgemeinschaft, das ist wie standesamtlich verheiratet. Klaus war immer auf Achse. Es ergab sich nie eine Gelegenheit, dass wir uns hätten trauen lassen können. Er hat mir versichert, dass er mich und unsere Tochter auch ohne Papier immer lieben werde.«

Die Frau schaut in unbestimmte Ferne. Wenn Schöller einen Blick dafür hätte, würde er bemerken, dass sich ein träumerischer Ausdruck auf das blasse Gesicht seiner Nachbarin gelegt hat.

»Klaus hat uns eine schöne Wohnung in Görlitz besorgt, und als drei Jahre nach Karin der Junge kam, war unser Glück vollkommen. Bis auf die Tatsache, dass Klaus lediglich an den Wochenenden ein Gastspiel gab. Er musste ja das Geld verdienen, das ich ausgab.«

Nun meldet sich Schöller doch. »Wieso? Bist du nicht mehr arbeiten gegangen?«

Überrascht blickt sie auf und ihn an. »Ich hatte einen Haushalt mit zwei Kindern, später sogar drei. Da hast du genug zu tun. Klaus hat damals entschieden, wir können es uns leisten, dass ich ausschließlich Mutter und Hausfrau bin. Die paar Mark, die ich im VEB Volltuch verdiente, würden der Haushaltskasse nicht fehlen. Er werde dann eben noch ein paar Sonderschichten nach Feierabend und an Wochenenden schieben. Maurer waren in der DDR gefragte Leute.«

Abends, wenn sie allein und einsam vorm Fernseher saß, habe sie gern ein Glas Rotwein getrunken,

Klara Wagner mit Tochter

sagt sie. Im Laufe der Zeit wäre daraus eine ganze Flasche geworden. Und wenn Klaus am Wochenende nach Hause kam, wurden es auch schon mal zwei oder drei Flaschen, die sie gemeinsam leerten. Klaus empfand es als normal, wenn sie Wiedersehen auf diese Weise feierten. Und außerdem tat es ihrem Liebesleben gut.

Die Frau feixt, als sie das erwähnt. »Weißte, ich bin diesbezüglich eher etwas zurückhaltend. Aber wenn ich was getrunken hatte, ging ich ab wie eine Rakete. Hat Klaus immer gesagt. Wie eine Rakete. Und deshalb hatte er immer ein paar Flaschen in der Schmutzwäsche, wenn er aus Berlin kam. Es waren schöne Wochenenden.«

Irgendwann aber habe er nicht mehr »auf Montage« gehen wollen und sich was in Görlitz gesucht.

Und da die harte Schinderei auf dem Bau auf die Knochen ging, sollte es etwas anderes sein, etwas, wo man körperlich nicht so gefordert war. Da gerade das »Rodeo« ohne Leitung gewesen sei, habe er die Gaststätte übernommen.

»Er hat was aus dem Laden gemacht. Familienfeiern, Betriebsvergnügen, Skatturniere, Schachwettbewerbe – der Laden brummte. Allerdings war alles anders wie früher. Ich saß allein zu Hause und nahm meine ›Beruhigungstropfen‹. Wenn Klaus nach Mitternacht kam, schlief ich bereits tief und fest im Ehebett. Und morgens stand ich beizeiten auf, um die Kinder zu versorgen. Die mussten zur Schule bzw. in den Kindergarten.

Klaus sah die leeren Flaschen und sagte zunächst nichts. Ich ließ mir ja auch nichts anmerken. Er fing erst an zu meckern, als er mich eines Tages erwischte. Da trank ich schon am Vormittag meine ›Tropfen‹. Er nahm mich ins Gebet. Wie viel ich schlucke, wollte er wissen.

Es werden wohl täglich so zwei bis drei Flaschen Wein gewesen sein, damals.

Dann hat er mich zu unserem Hausarzt geschleppt. Der meinte, ich stünde auf der Kippe. Ob ich zum Entzug in die Jochmannstraße solle, fragte Klaus. Doch der Doktor hielt davon wenig. Das wäre eine Radikalkur, die meist nicht lange vorhält. Erfolgversprechender sei es, wenn die Familie, wenn *er* sich stärker als bisher um mich kümmern würde.

Das tat Klaus. Ich wurde wieder schwanger. In der Schwangerschaft und nach der Geburt von Cindy trank ich nicht. Ich freute mich auf unser Kind, war beschäftigt, hatte ein Ziel, eine Aufgabe. Als die Kleine aus dem Gröbsten war und wieder Normalität in den Alltag zog, fing es wieder an. Wenn ich sie morgens in der Krippe abgegeben hatte, entkorkte ich eine Flasche und konnte nicht aufhören, bevor sie geleert war. Dann folgte noch eine und noch eine.

Klaus kriegte das dadurch mit, weil die Kinderkrippe bei ihm einmal anrief und fragte, wo ich bliebe, Cindy müsse abgeholt werden, sie sei das letzte Kind. Er holte die Kleine und schleppte mich am nächsten Tag zum Arzt, der ohne jegliche Diskussion gleich eine Überweisung in die Jochmannstraße ausstellte. Es war die Hölle.«

Schon wieder fingert sie an ihrer Zigarettenschachtel. Sie ist nur auf sich fixiert, an Schöller denkt sie nicht. Sie kramt in der Jackentasche, zieht ein Streichholzheftchen hervor, bricht ein Hölzchen ab und entzündet es mit zitternder Hand. Obgleich es windstill ist, hält sie schützend die andere vor die Flamme. Als die Zigarette glimmt, pustet sie das Streichholz aus und lässt es zwischen ihren Beinen auf den Boden fallen.

»Es war Horror. Vier-Bett-Zimmer, zwei Frauen kamen direkt aus dem Knast, die dritte war eine versaute Nutte. So etwas habe ich noch nie erlebt. Die reinste Gosse. Ich habe den ganzen Tag nur geflennt, weil ich das besaß, was diese Frau nicht einmal kannten: drei gesunde Kinder, einen liebenden Mann, eine schöne Wohnung. Verstehst du: Ich habe vor

Dankbarkeit geheult, nicht weil der Entzug schmerzte. Die Weiber auf dem Zimmer konnten das nicht verstehen. Die Nutte verhöhnte mich obendrein. Die begriff nicht, dass es ein Glück ist, Kinder zu haben. Nur Ärger und Ballast, kreischte sie. Nie im Leben würde sie sich Blagen anschaffen. Ficken wurde zum Geldverdienen erfunden, sagte sie immer, und sie werde damit Geld verdienen, so lange es geht. Na, sagte ich, irgendwann ist auch bei dir Pumpe, da zahlt keiner mehr. Worauf sie ihr säuisches Lachen lachte und meinte, ich hätte ja keine Ahnung. Je oller, desto doller. Ich habe gefragt, warum sie dann saufe. Weil es ihr Spaß mache wie das Geldverdienen, hat sie gesagt.«

Aus dem Haus wird gerufen, dass in einer Viertelstunde Essenszeit wäre. Die Nachricht lässt Klara Wagner nur kurz verstummen, dann spult sie weiter die Geschichte runter, die vermutlich ihr Mann oder ihre Kinder ganz anders erzählen würden. Es ist *ihre* Wahrheit.

»Als ich wieder nach Hause kam, hat er gesagt, es wäre aus zwischen uns. Klaus verließ die Wohnung mit seinen Sachen, er zog aus. Zu ihr. Sie hat ihn mir weggenommen. Was blieb mir anderes übrig, als wieder zu meinen ›Beruhigungstropfen‹ zu greifen?«

Ein winziges, aber bedeutendes Detail hat sie verschwiegen: Ihr Mann verließ sie erst, nachdem sie wieder zu trinken angefangen hatte, und zwar schlimmer als zuvor. Er hat sie aufgegeben. Und die Kinder? Er war zwar der leibliche Vater, nicht aber erziehungsberechtigt nach den Gesetzen, die nun-

mehr in Görlitz gelten. Vielleicht hätte er vor
Gericht um die Kinder kämpfen können, doch auch
auf Familienrichter trifft die alte Volksweisheit zu:
Vor Gericht und auf hoher See ruht man in Gottes
Hand, was soviel heißt wie: Ausgang ungewiss. Die
Aufregung und die Ausgaben für den Anwalt wollte
er sich sparen. Den Kindern und ihr sicherte er zu,
immer für sie da zu sein, wenn er gebraucht werde.
Und dieses Versprechen hielt er. Die Tatsache, dass
sie erneut in der Psychiatrischen war, geht darauf
zurück. Er hatte darauf gedrungen, als er sie bei
einem Besuch in hilflosem Zustand aufgefunden
hatte.

Die Kinder hatten sich offenkundig längst an die
Trunksucht der Mutter gewöhnt, sie versorgten sich
gegenseitig und halfen ihr, so gut das ging. Aber das
Verdecken und Vertuschen war ja keine wirkliche
Hilfe. Nur eine Radikalkur, ein Entzug war lebens-
rettend. Also hatte er die einstige Lebensgefährtin
und Mutter seiner drei Kinder erneut in die Klinik
einweisen lassen.

»Nicht nur, dass sie mir den Mann gestohlen
hatte. Die wollte auch noch meine Kinder!«

Voller Empörung stampft sie mit ihren dünnen
Beinchen auf den Kies. »Die steckt hinter meiner
Einweisung. Nur die allein.«

Schöller schweigt. Was geht ihn das an? Er hat
genug mit sich zu tun.

»Die Große ist sechzehn, der Bengel dreizehn. Die
sind alt genug, um für sich selbst zu sorgen. Und ich
bin ja nicht ewig hier drin.«

Schöller sagt, sie müssten reingehen, es sei Mittag.

Klara Wagner überhört den Hinweis und räsoniert weiter. »Wenn ich hier rauskomme, dann wird alles anders. Das heißt: so wie es früher war. Wir werden wieder eine glückliche Familie sein.«

Das ist ihr Schlusswort. Sie erhebt sich und steuert dem Klinikeingang an. Schöller folgt ihr mit unsicheren Schritten.

Wenige Tage nach Klara Wagner wird Schöller aus der Klinik entlassen. Der Arzt, der das Abschlussgespräch mit ihm führt, gibt ihm kluge Sprüche mit auf den Weg. Damit ist sein Part erledigt. Wohin Schöller geht, ob er eine Wohnung hat und einen Job, ist ihm insofern egal, als es nicht zu den Aufgaben der Klinik gehört, sich darum zu kümmern. Sie haben schon genug um die Ohren. Der Mann ist erwachsen. Und bestimmt gibt es bei der Stadt eine Stelle, bei der er sich melden kann oder muss. Dort wird man ihm schon weiterhelfen.

Schöller steht auf der Straße und kratzt sich am Schädel mit den raspelkurzen Haaren. Wohin jetzt? Gleich zum Kiosk und ein Bier trinken? Appetit verspürt er nicht. Es sind weniger die Vorsätze, die ihn daran hindern, seine Schritte in diese Richtung zu lenken. Und was heißt Vorsätze? Er will nicht wieder in den Knast, zumindest nicht gleich. Andere Absichten hat er nicht. Er will sich in die Freiheit treiben lassen. Mal schauen, was auf ihn zukommt.

Seine Wohnung in der Landeskronstraße, in der er damals diesen Penner plattgemacht hat, wurde vor

Jahren von amtswegen gekündigt. Da muss er nicht hin. Da kann er auch nicht hin.

In seinen Händen spürt er das Stück Papier. Das hat ihm diese Alte in die Hand gedrückt, als sie entlassen wurde. Biesnitzer Straße steht dort und eine Nummer. Das ist nur wenige Hundert Meter von hier, jenseits der Bahnlinie und der Kathedrale St. Jakobus. Schöller entschließt sich, in die Görlitzer Südstadt zu laufen.

Er wirft sich die Segeltuchtasche über die Schulter und geht einfach los. In den fünf Jahren, in denen er weg war, hat sich einiges in der Stadt verändert. Das registriert er leidenschaftslos. Etliche Fassaden sind frisch verputzt und bunt, vor anderen Gebäuden stehen Gerüste. Auch das Haus, an dessen Klingelleiste er den Namen »Wagner« sucht, scheint jüngst renoviert. Der Viergeschosser an der leicht abschüssigen Straße leuchtet in hellem Ocker.

Er findet den Knopf und drückt ihn.

»Ja«, quäkt eine Stimme aus der Wechselsprechanlage. Schöller schreckt zurück. Er kennt das nicht.

»Auch ja«, sagt er mehr für sich, denn dass an der anderen Seite mitgehört werden kann, weiß er nicht.

Darauf kommt ein ärgerliches »Wer ist denn da?«

Schöller reagiert nicht, weiß nicht, was er machen soll. Er drückt ein paar Mal auf den Klingelknopf. Dann hört er statt der Stimme an der versperrten Tür ein merkwürdiges Summen. Er drückt dagegen und nimmt überrascht wahr, dass diese sich plötzlich nach innen öffnen lässt. Komisch, denkt er, was es heutzutage alles gibt.

Im Treppenaufgang riecht es noch nach Farbe. Er trampelt ohne nachzudenken die Stiegen hinauf. Die Alte sagte, meint er sich zu erinnern, sie wohne in der zweiten oder dritten Etage. Wo ist das? Zu DDR-Zeiten gab es das Erdgeschoss, dann die 1. Etage. Im Westen, der ja jetzt überall ist, zählt man von unten und beginnt mit eins. Die frühere erste Etage ist also jetzt die zweite. Da wird man ja ganz meschugge, sagt sich Schöller und beginnt die Namensschilder nach dem Treppenabsatz zu studieren. »Wagner« ist nicht dabei. Er steigt weiter hinauf, wobei er sich am Handlauf entlangzieht. Der Atem geht kurz, er spürt den Herzschlag.

In der dritten Etage wird er fündig. Neben der Klingel liest er auf einem mit Blümchen verzierten Blatt in krakeliger Kinderschrift und bunten, schon leicht verblassten Buchstaben: »Hier wohnen Karin,

Biesnitzer Straße, Wohnhaus von Klara Wagner, in das Siegbert Schöller nach der Therapie einzog

Malte und Cindy sowie Klara Wagner.« Schöller betätigt den Knopf. Hinter der Tür hört er Geräusche, jemand schlurft mit Latschen vernehmlich über die Dielen. Die Tür geht auf, ein Mädchen steht im Rahmen und mustert ihn, ihr Blick ist neugierig und abweisend zugleich. Sie wendet nach einer Weile den Kopf und ruft in die Tiefe des dunklen Raumes: »Mutti, hier ist ein Mann. Ich kenne den nicht. Er sagt auch nichts.«

Irgendetwas scheppert, eine Stimme schnarrt Unverständliches. Nach einer Weile erscheint eine Frau neben dem Kind.

Dem schmallippigen Mund entweicht ein »O«, wobei nicht ganz genau zu bestimmen ist, ob es überrascht-freudig oder überrascht-abweisend klingen sollte. Dann, nachdem die Schrecksekunde vorüber ist, sagt sie: »Haben sie dich entlassen?«

»Sonst wäre ich nicht hier.«

»Das ist schön.« Sie nickt wie zur Bekräftigung.

Das Mädchen beobachtet die beiden. Sie findet es komisch, wie die beiden Erwachsenen sich verhalten. »Mutti, wer ist der Mann?«, fragt sie.

»O«, sagt die Frau wieder. »Das ist Herr Schöller. Ich habe ihn in der Klinik getroffen.«

»Hat der auch getrunken?«

Die Frau hüstelt gekünstelt, um den Satz nicht gehört zu haben. Als die Mutter nicht reagiert, wiederholt das Mädchen seine Frage. Nun muss sie antworten. Sie tut dies ausweichend.

»Das ist ein großes Krankenhaus mit vielen Stationen. In einer war der Herr Schöller.«

»Und was will der jetzt hier?« Die Unbedarftheit ist entwaffnend.

»Frag ihn doch selbst. Ich weiß es nicht.«

Das Mädchen wendet sich dem Mann zu, über den sie mit der Mutter gesprochen hat, als gäbe es diesen nicht, als sei er Luft für sie. »Was wollen Sie?«

Schöller ist irritiert, sucht nach Worten, beginnt verlegen zu stammeln. Er habe mal vorbeischauen wollen und so.

Das Mädchen wirft einen Blick auf die Tasche, die neben Schöllers Füßen steht. »Und was ist da drin?«

Die Mutter zieht das Kind beiseite. »Nun ist gut. Geh Hausaufgaben machen.« Das Mädchen trollt sich murrend.

Als es außer Hörweite ist, sagt sie etwas kalt. »Und, was willst du?«

»Ich weiß nicht wohin. Ich dachte …« Schöller ist überrascht. In der Klinik schnurte sie ihm die meiste Zeit wie ein Kätzchen um die Füße, wünschte von ihm gestreichelt zu werden. Hier, in ihrer gewohnten Umgebung, wirkt sie plötzlich herrisch und kontrolliert. Ihr Blick bohrt sich in seine Augen.

»Was?«

»Kann ich bleiben?«

Die Frau zögert, überlegt. Dann sagt sie: »Höchstens eine Nacht. Ich bin kein Hotel, und ich habe drei Kinder.«

Schöller nickt. Es ist ihm im Moment alles egal, Hauptsache, er hat in der kommenden Nacht ein Dach überm Kopf.

Sie tritt beiseite und lässt ihn ein. »Du kannst im Wohnzimmer auf der Couch schlafen. Isst du mit uns zu Mittag?«

»Ja, gern.«

»Dann komm mit in die Küche«, ordnet sie an. Es besteht kein Zweifel, wer in dieser Wohnung das Kommando hat.

In der Küche haben sich die Kinder um den Tisch versammelt. Die Große, ein aufblühender Teenager, füllt den Geschwistern bereits die Teller.

»Wir brauchen noch einen Teller«, sagt die Mutter. »Das ist Herr Schöller. Er bleibt über Nacht.«

»Mutti hat ihn in der Klinik kennengelernt«, ergänzt die Jüngste, was aber ihren Bruder wenig zu interessieren scheint. Der 13-Jährige mustert skeptisch den Ankömmling. Der gefällt ihm nicht. Der Mann hat so einen verkniffenen Mund, die Mundwinkel weisen zum Boden, und auch die Augen wirken nicht eben fröhlich. Eher stumpf und traurig.

Karin stellt einen Teller an die Stirnseite des Küchentisches und fordert den Bruder auf, aus dem Wohnzimmer einen Stuhl zu holen. Der macht dies sichtlich lustlos. Schöller lässt sich nieder und beginnt sofort zu löffeln, ohne auf die anderen zu achten. Die schauen sich nur verwundert an.

Nachdem die Suppe gegessen ist, streckt Schöller die Beine von sich und rülpst ungeniert. »Ich wusste gar nicht, dass du so gut kochen kannst«, sagt er in Richtung der Frau.

»Da musst du dich bei Karin bedanken«, antwortet diese sichtlich pikiert. Sie war zwar schon ganz unten, lag in der Gosse, und denoch hat sie immer auf gutes Benehmen geachtet. Ihre Kinder sind im Kindergarten oder in der Schule nicht einmal unangenehm aufgefallen. Sonst wären sie gewiss nicht mehr in dieser Wohnung. Zwar entzieht man einer Mutter nicht das Sorgerecht, wenn ihre Kinder zu spät zur Schule und den Lehrern dumm kämen. Doch Klara Wagner ist sich bewusst, dass man sie beobachtet. Darum hat sie alles unter Kontrolle. Das fängt bei höflichen Umgangsformen an und endet längst nicht bei der Ordnung in der Schultasche.

Schöller erhebt sich. »Wo kann ich mal pinkeln?«

»Cindy, zeig bitte Herrn Schöller die Toilette.«

Als sie zur Küchentür hinaus sind, fragt Karin mit gedämpfter Stimme: »Was ist denn das für einer?«

Die Mutter winkt ab. »Müssen wir nicht drüber reden. Der bleibt über Nacht, dann sucht er sich eine andere Bleibe. So ist es verabredet.«

Dann ist Schöller zurück. Die Klospülung hat nicht gerauscht. »Ich geh dann mal zum Amt«, sagt er. »Die Tasche lass ich hier.«

Die Tür fällt ins Schloss. Entrüstet ruft Malte aus der Toilette: »Der hat auf die Brille gepinkelt. Und gespült hat er auch nicht.«

»Mach's weg und gut ist«, ruft Karin zurück. Sie mag den ungehobelten Klotz auch nicht.

Am Abend steht Schöller wieder vor der Tür. Er trägt seinen depressiven Blick, den Klara Wagner oft genug in der Klinik hat sehen können.

»Na, warst du erfolgreich?«, erkundigt sie sich, obwohl sie die Antwort bereits kennt.

»Ist doch alles Scheiße«, sagt er und trampelt an ihr vorbei. »Die haben keine Arbeit und keine Wohnung, darum müsse ich mich selber kümmern. Die Beamtenvotze hat mir ein Kilo Formulare gegeben, die ich alle ausfüllen soll, damit ich die Hilfen des Sozialstaates ausschöpfen kann. Ich hasse diesen Papierkram.«

Klara Wagner versteht. Er hasst diesen Papierkram, weil er ihn nicht durchschaut. Das ist alles zu kompliziert für ihn. Sie empfindet es mitunter auch so. Allerdings ist sie inzwischen davon überzeugt, dass die Vordrucke mit Absicht so unverständlich formuliert und die Wege der Bürokratie bewusst derart verschlungen sind, weshalb man sich nur mit Mühe hindurchfindet. Sie legen es darauf an, dass viele im Paragrafendschungel hängen bleiben und Vater Staat Geld spart. So kann man nicht behaupten, dass das Gemeinwesen unsozial sei und sich zu wenig um die Schwachen, Kranken und Alten sorge. Wenn diese Unterstützung wegen der bürokratischen Hürden nicht in Anspruch genommen wird, ist es Schuld der Hilfsbedürftigen, nicht der Behörde. Im Kapitalismus wird niemand zu seinem Glück gezwungen – aber jeder besitzt die Freiheit, es sich zu nehmen.

»Ich helfe dir. Morgen.«

Am nächsten Tag fläzt sich Schöller noch auf dem Sofa, als die Kinder längst aus dem Haus sind. Die Uhr auf dem Vertiko schlägt 10, als Klara Wagner in der Tür erscheint. Tadelnd sagt sie: »Ich finde, du solltest langsam aufstehen. Wo das Bad ist, weißt du. Ich habe ein Handtuch rausgelegt, eine Zahnbürste wirst du wohl haben.«

»Nee«, sagt Schöller und kratzt sich hustend am Sack, »die habe ich in der Klinik gelassen. War nicht meine.«

»Ich schau mal nach«, kommt es aus dem Flur. »Irgendwo werde ich bestimmt noch eine haben.«

Schöller richtet sich langsam auf. Bedächtig hebt er beide Beine über die Couchkante und dreht sie und den Oberkörper. Nur nicht zu schnell, sonst sieht er wieder Sterne. Aus der Lunge steigt beißender Husten, der Oberkörper schmerzt. Er braucht einige Minuten, ehe er abgehustet hat. Danach erhebt er sich langsam. Die Gelenke knirschen und knacken, in den Kaldaunen grummelt es. Er muss aufs Klo. Auf Socken, die er in der Nacht anbehalten hat, schleppt er sich ins Bad. Über die Badewanne ist ein gefaltetes Frotteehandtuch gebreitet, darauf liegt eine Zahnbürste. Das registriert er, als er bereits auf der Kloschüssel hockt.

Nach der Katzenwäsche kehrt Schöller ins Zimmer zurück und zieht sich gemächlich an. Ihn treibt nichts, er hat keine Eile. Das einzige, was er aus der Lehre behalten hat, ist der Spruch, den einer der Vorarbeiter immer gebrauchte: Nur keine unbolschewistische Hast! Er wusste schon damals nicht, was das bedeutete, aber das Satz klang gut und hinterließ Eindruck, wo immer er ihn gebrauchte. Wenn die Bullen kamen, um sie aus dem Trinkereck zu vertreiben: Nur keine unbolschewistische Hast, Genossen! Kamen ihm die Schließer im Knast dämlich und trieben zur Eile: Nur keine unbolschewistische Hast, meine Herren!

Nachdem er seine abgewetzten und verschmutzten Sachen angelegt hat, schlurft er in die Küche hinüber. Dort sitzt die Frau, die für ihn in der Klinik nur »die Alte« war, mit Lockenwicklern im Haar und trinkt Tee.

»Willst du auch einen?«

»Was?«

»Tee.«

»Hm.«

Im Aufstehen mustert sie kritisch seine Klamotten. »Deine Sachen sollte ich mal waschen.«

»Hm.«

»Hast du noch Wäsche in der Tasche.«

»Hm.«

»Kannst du auch in ganzen Sätzen reden?«

»Hm.«

»Gib her.« Sie streckt fordernd ihren rechten Arm aus. »Zieh dich aus.«

»Jetzt gleich? Ich habe mich doch eben erst angezogen. Kannste das nicht morgen machen, vorm Anziehen?«

»Morgen bist du weg.«

»Da sind die Klamotten bestimmt noch nicht trocken.«

»Hast du 'ne Ahnung. Waschen, schleudern und einmal durch den Trockner: keine vier Stunden, und du kannst deine Sachen wieder anziehen.«

»Und was mache ich bis dahin?«

»Ich glaube, von meinem Ex liegen noch ein paar Sachen im Schrank. Er war so groß wie du. Natürlich etwas breiter im Kreuz. Komm mal mit.«

Gehorsam folgt ihr Schöller ins Schlafzimmer. An der Stirnseite hinterm Doppelbett hängt ein gerahmtes Poster mit einer Katze. Beide Betten sind bezogen, aber nur eines ist benutzt. Die Frau öffnet den Kleiderschrank. »Hier«, sagt sie, und wirft einen Jogginganzug aufs Bett. »Den kannste haben.«

Dann geht sie auf die Knie und zieht ein Schubfach auf. »Das hier, und das hier auch.« Sie reicht ihm Unterhemden, Slips und Socken.

Ein Mensch mit intaktem Gehirn hätte jetzt vielleicht gefragt: Dein Mann ist vor Jahren ausgezogen – warum hast du noch seine Sachen? Oder: Und wenn er zurückkommt und seine Klamotten sucht – was sagst du ihm dann? Dergleichen fragt Schöller nicht. Er nimmt wie selbstverständlich die Gaben an und schaut nur einmal auf, als er sich seiner Unterhose entledigen will. Klara versteht und geht hinaus. »Ich hole schon mal deine Sachen aus der Tasche.«

Schöller versinkt geradezu in dem weiten Anzug. Die Kunstfasern reiben raschelnd aneinander, was ihn nervt. Bei jedem Schritt gibt es unangenehme Geräusche. Er mustert sich im Spiegel, der bis zum Boden reicht. In dem knallroten Ding sieht er aus wie … wie … Ihm fällt nichts ein.

In der Küche macht sich die Frau bereits an der Waschmaschine zu schaffen. Sie wirft ihm von der Seite einen Blick zu. »Na siehste, passt doch.«

»Ich sehe aus wie eine Tomate.« Jetzt hat er's.

»Quatsch. Ist doch schick. Und pflegeleicht.«

»Aber es raschelt und quietscht.«

»Daran gewöhnt man sich. Wirste sehn.«

»Na, ich weiß nicht.«

Tage und Wochen vergehen. Schöller hat sich einge-
lebt in der Familie Wagner. Er hat keine Wohnung
gefunden und keine Arbeit bekommen, wobei er
sich nicht sonderlich bei der Suche engagiert hat.
Wobei, das gehört zur Wahrheit dazu, sein Vorleben
weder für Vermieter noch für Arbeitergeber eine
Empfehlung ist. Bei der hohen Arbeitslosigkeit in
der Stadt bekommt man qualifizierteres und verläss-
licheres Personal als ihn. Und gern nimmt man auch
Polen, die von jenseits der Neiße kommen. Die sind
billig, ordentlich und sich für keine Drecksarbeit zu
schade. Die kaufen oft für ihren Lohn Lebensmittel,
Klamotten und Technikkram, die sie dann in ihrer
Heimat für Złoty, aber mit Aufpreis veräußern. Jeder
Pole ist ein Kaufmann und weiß, wie man aus Weni-
gem viel machen kann.

Schöller hat es geschafft, die Beschützerinstinkte
von Klara Wagner zu wecken. Und auch die Kinder
haben den neuen Freund der Mutter akzeptiert.
Widerwillig und zähneknirschend zwar, aber der
Einsicht folgend, dass es der Partner ihrer Mutter
und nicht ihrer ist. Außerdem ist das Ende des Auf-
enthalts in der Wohnung absehbar. Karin hat einen
Freund, sie bleibt schon bald über Nacht weg. Eines
Tages erklärt sie, dass sie schwanger sei und heiraten

werde, sobald sie 18 ist. Und auch Malte sehnt den Tag herbei, an dem auch er endlich aus der Wohnung ausziehen kann.

Der Grund liegt auf der Hand. Nicht nur Mutters Neuer trinkt. Auch sie selbst hängt alsbald wieder an der Flasche. Zwar nicht so schlimm wie vor jenem Absturz, als der Vater sie in die Klinik bringen musste, aber täglich. In ihrer Verzweiflung haben sie schon wiederholt den Vater geholt mit der Bitte, er möge den ungebetenen Gast aus der Wohnung werfen, damit die Mutter das Trinken lasse. Denn für die Kinder steht fest, dass Schöller sie animiert hat. Würde der nicht saufen, täte es die Mutter auch nicht. Also muss der Kerl raus, weg, aus ihrem Leben verschwinden.

Der Vater, der unverändert zu seinen Kindern steht und auch Verantwortung für die Mutter verspürt, kommt tatsächlich zu ihnen in die Wohnung. Er trifft die beiden im Vollrausch an, ein Gespräch ist sinnlos und kommt auch nicht zustande. Es juckt ihm in den Fäusten, den Kerl aus dem Haus zu prügeln, diesen Schmarotzer und Trunkenbold, der sich ins gemachte Nest gelegt hat und Kümmernis und Leid über seine, ja, seine Familie gebracht hat. Doch was ist dann? Irgendwann wird er wieder zurückkommen und mit Klara weitersaufen, und alles beginnt von vorn. Saufen ist nicht strafbar, und was hinter einer Wohnungstür passiert, ist es auch nicht. Da können Männer ihre Ehefrauen vergewaltigen und Mütter ihre Kinder verprügeln: Wenn nicht aufmerksame Zeitgenossen Anzeige erstatten oder es die

Opfer nicht tun, kann alles geschehen. Die Privatsphäre ist für die Justiz heilig, nur Geheimdienste dürfen sich ihrer bemächtigen. Aber die interessieren sich auch nur für Daten und nicht für Schicksale.

So lässt denn der Ex die Fäuste sinken und droht, er komme wieder und mache reinen Tisch. Aber das ist nur eine rhetorische Floskel, eine Luftnummer sozusagen, was selbst der besoffne Schöller mit seinem kleinen Hirn begreift. Er lacht und lallt: Was willst du überhaupt hier – ihr wart ja nicht mal verheiratet!

Und auch die Frau rudert mit den Armen, als verscheuche sie einen Fuchs vom Hühnerhof, der dort nichts verloren hat. Geh, hau ab und lass uns in Ruhe, scher dich zu deiner Tussie, für die du mich hast sitzenlassen.

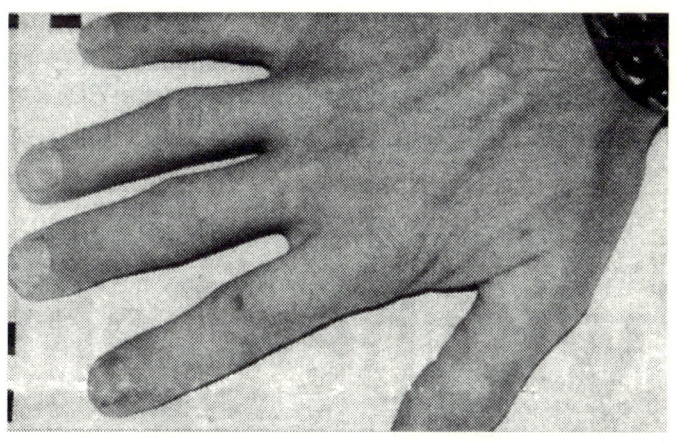

Schöllers Hand, 1993. Nach der Mordtat wird der Täter erkennungsdienstlich erfasst. Er klagt über Schmerzen in der Hand, mit der er einen Menschen erschlug, und verlangt nach einem Arzt

Den Kindern sagt er, was sie ohnehin gesehen und begriffen haben: Hier kann er nichts bestellen. Zudem ist mit Schöller nicht gut Kirschen essen. Der kennt die Stärken des Rechtsstaates, die zugleich auch dessen Schwächen sind. Als er nach dem Mord 1993 erkennungsdienstlich behandelt wurde, beklagte er die Schmerzen in seinen wundgeschlagenen Händen, mit denen er das Opfer in den Tod geprügelt hatte. Er verlangte, weil ihm dies zustehe, seine sofortige medizinische Versorgung. Die ihm, selbstverständlich, gewährt worden war.

Vater und Kinder verabschieden sich traurig und hilflos, denn sie sehen, dass sich eine Katastrophe anbahnt, aber sie können sie nicht aufhalten. Wenn sich jemand unbedingt ins Grab saufen will, dann wird ihn keine Macht der Welt daran hindern.

Der Sommer des Jahres 2003 ist ein extrem heißer. Die Meteorologen werden später sagen, dass die Hitzewelle, die sich dem schon überdurchschnittlich trockenen Frühjahr anschloss, ein deutliches Indiz für die vorhergesagte Erderwärmung ist. Und bezeichneten das Hoch »Michaela« als das »schlimmste Unwetterereignis in Europa seit Beginn der modernen Geschichtsschreibung«. Die Medien sprachen von »Jahrhundertsommer«, was sie aber immer tun, wenn mal sieben Tage am Stück die Sonne scheint. In jenem Sommer ist das Prädikat allerdings angebracht, zumal es auch die Wissenschaftler und Statistiken benutzen. In Europa sterben wegen Hitze und Trockenheit an die 70.000 Menschen, jeder 20.

davon in Deutschland. Erstmals werden seit Jahrzehnten in Deutschland wieder Temperaturen von über vierzig Grad Celsius gemessen.

Das ist gewiss ein Grund zum Trinken. Wobei Gewohnheitstrinker wie Schöller und seine Gefährtin keine Begründung für ihr tägliches Quantum benötigen. Es ist auch niemand mehr in der Wohnung, für den sie ein Alibi brauchten. Karin lebt mit Mann und Kind in einem anderen Stadtteil von Görlitz, Cindy macht dort gelegentlich den Babysitter und schläft nur noch selten daheim, und Malte, inzwischen volljährig, ist der Arbeit nachgezogen.

So machen denn die beiden Säufer das, was in allen Trinkerrunden üblich ist: Sie gehen sich gegenseitig auf die Nerven.

Klara Wagner hat noch am Bahnhof zehn Flaschen Bier gekauft und diese, im Schweiße ihres Angesichts, die Treppen hinaufgeschleppt. Der Supermarkt um die Ecke hat geschlossen, es ist schließlich Sonntag. Das ist ihr so leid wie an allen Tagen, denn nicht nur, dass sie Schöller nun schon seit Jahren aushält – sie muss auch noch den Pascha bedienen, seit er sich nicht mehr aus der Wohnung hinausbewegt. Er habe es im Kreuz und in den Beinen, barmt er, vom Treppensteigen werde ihm schwindlig, und wenn er etwas tragen müsse, beginne das Herz zu rasen.

Und dann kommt wieder die Litanei, die sie schon singen kann: Er müsse trinken, um die dauernden Schmerzen loszuwerden, und wenn er den Punkt der Schmerzlosigkeit erreicht habe, fürchte er die Schmerzen beim Aufwachen, weshalb er weiter bis zur Bewusstlosigkeit trinken müsse, um auch diese Angst in sich zu töten. Es ist ein ewiger Kreislauf, den sie am Laufen hält, indem sie Tag um Tag Bier und Schnaps und Schnaps und Bier besorgt. Natürlich auch für sich. Aber Schöller benötigt das größere Quantum Trost, weshalb sie – nicht zu Unrecht – der Überzeugung ist, dass sie auch den größeren Teil der täglichen Zeche zahle, obwohl sie nur den kleineren Teil verzehre. Dieses Thema wird allabendlich erörtert, und stets mit wachsender Heftigkeit, denn nicht nur Schöllers Aggressivität nimmt mit wachsendem Pegel zu, inzwischen tut es auch die ihre.

Sie wuchtet das Einkaufsnetz mit den Flaschen auf den Couchtisch und lässt sich ermattet in den Sessel fallen. »Wird aber auch Zeit«, bemerkt er und hobelt den Kronkorken vom Hals, ohne den Blick von der Glotze zu wenden. Mehr sagt er nicht. Nicht danke, nicht Prost. Das Bier rinnt in einem Zug in den Hals, er setzt die Flasche erst ab, als sie geleert ist. Ein satter Rülpser entfährt ihm, dann langt er schon zur nächsten Flasche.

Sie erhebt sich wütend aus dem Sessel und greift nach dem Netz, die Flaschen klirren.

»Was willst du?«

»Ich stell das Bier in den Kühlschrank, damit du nicht alles wegsäufst und wir morgen zum Frühstück noch was haben«, sagt sie trotzig.

»Das Bier bleibt«, sagt er, keinen Widerspruch duldend. »Du lässt gefälligst die Flaschen stehen.«

146

Sie setzt sich gehorsam wieder hin, greift sich selbst stumm eine Flasche und nimmt einen langen Zug. Ach, das tut gut. Alsbald wird sie mutiger. »Siggi, sauf doch nicht alles. Morgen früh brauchst du was zum Frühstück. Dann tun dir wieder alle Knochen weh, und was anderes behältst du nicht bei dir.«

»Dann holst du eben neue Flaschen. Der Supermarkt öffnet um 8.« Schöller kennt keine Kompromisse. »Nun halt die Klappe, ich höre zu.«

»Und wer bezahlt das?« Ihr Ton wird lauter und schärfer.

»Na du. Kriege ich vielleicht Kindergeld und Alimente?

»Es gibt nur noch für Cindy, für die anderen kriege ich nichts mehr.«

»Und dein Ex?«

»Der gibt es den Kindern direkt. Er zahle nicht für die Schnapsdrossel und ihren Saufkumpan, hat er gesagt.«

»Wem? Wem hat er das gesagt?«

»Dem Amt.«

»Welchem Amt?«

»Ich habe im Bürgerbüro mitgeteilt, dass er seine Zahlungen eingestellt hat. Sie sollten ihm mal gehörig auf die Füße treten. Da hat man nur gelacht und mir einen Schriebs unter die Nase gehalten. Er käme seinen Unterhaltsverpflichtungen korrekt nach. Und: Er zahle nicht mehr für die Schnapsdrossel und ihren Saufkumpan. Das wäre verständlich und sogar zu begrüßen, denn Zahlungen sind ja für die Kinder und nicht für die Mutter gedacht.«

Wütend nimmt sie einen Zug aus der Flasche.

»Die Sau«, sagt Schöller und schaut in die Glotze. In Wahrheit aber berührt ihn das nicht.

»Ich habe nichts mehr, um das Bier und den Schnaps zu bezahlen. Begreifst du das nicht. Ich bin es auch leid, ständig für dich zu löhnen.«

Schöller stellt sich taub.

»Ich rede mit dir! Das war das letzte Geld, was ich für das Bier ausgegeben habe. Ich bin blank.«

»Da wird uns schon was einfallen.«

»Was wird dir schon einfallen«, höhnt die Frau.

»Halt die Klappe!«

»Wir sind blank, verstehst du. Ich habe keine Puseratze mehr.«

»Halt endlich das Maul. Ich kann dein Geseiere nicht mehr hören.«

»Das ist typisch. Wenn es eng wird, willst du nichts mehr hören.« Sie trinkt die Flasche aus und hält sie in der Hand. »Ich habe die Schnauze voll. Von dir, von deiner Sauferei, von deiner Rücksichtslosigkeit. Ich halte das nicht mehr aus.«

Mit der ganzen Energie, die noch in ihr steckt, schleudert sie die Flasche hinüber. Sie verfehlt nur knapp Schöllers Kopf und zersplittert an der Wand.

Der schreckt auf und schaut sie an, sie sieht das blutunterlaufene Weiße in seinen Augen. »Bist du völlig durchgedreht oder was? Dir müssen sie doch ins Hirn geschissen haben.« Schöller ist außer sich.

»Der einzige hier, der eine Vollmacke hat, bist doch du. Dich hätten sie in der Klapse behalten sollen, da gehörst du hin. Du bist doch das letzte

Arschloch von Görlitz!« Wütend schraubt sich Klara Wagner aus dem Sessel, doch es bleibt bei dem Vorsatz. Sie fällt gleich wieder zurück, denn nüchtern ist sie keineswegs. Der Einkaufsgang zum Bahnhof ist nur eine kurze Unterbrechung gewesen. Seit dem Sonntagmorgen hat sie mit Schöller gebechert und den Drachen in ihrem Innern, der nach Alkohol schreit, mit Bier, Wein und Likör besänftigt. Harte Sachen mag er nicht so sehr. Aber notfalls, wenn nicht anderes verfügbar ist, nimmt er auch Hochprozentiges.

Sie unternimmt einen zweiten Anlauf. Der gelingt. Sie bleibt auf ihren dünnen Beinchen stehen. Sie wankt und schwankt, aber sie bleibt in der Senkrechten.

»Wo willst du blöde Votze hin?«, brüllt Schöller, der sie dabei beobachtet.

»Das geht dich nichts an, du Arsch.« Sie torkelt in Richtung Stubentür.

»Mach gefälligst die Splitter weg«, schreit er ihr hinterher. Und da sie nicht auf den Anruf reagiert, wälzt er sich von der Couch. Erstaunlich rasch ist er vom Sofa herunter, mit wenigen Schritten hat er die Frau erreicht. Er greift in ihre strähnigen, stumpfen Haare und reißt sie zu Boden. Krachend schlägt sie auf die Dielen. Der Schock über die unerwartete Attacke verschlägt ihr die Sprache. Zudem hat der Alkohol den Weg von den Stellen ihres Körpers, in welchen der Schmerz auftritt, bis ins Hirn, wo er gemeldet wird, verdammt lang werden lassen. Und manchmal kommt diese Botschaft auch nie an. Verendet irgendwo im Chaos der Nervenbahnen. Schon oft hat sie sich gewundert, woher die grünen und blauen Flecken stammen, die sie in klaren Momenten an ihrem Körper feststellt. Ist sie gegen etwas gerannt oder hat sie Prügel bezogen? Sie konnte sich daran so wenig erinnern wie an den Schmerz, den sie dabei eigentlich verspürt haben müsste.

Ehe sie sich besinnen kann, versucht Schöller sie an den Haaren nach oben zu ziehen, was aber nicht gelingt. Er ist dafür zu schwach. Obwohl sie kaum noch Gewicht hat. Der jahrelange Alkoholkonsum hat ihren Körper ausgezehrt, der Drache hat jedes Gramm Fett gefressen, wenn er nicht rechtzeitig gefüttert wurde. Schöller lässt sie fallen.

Jetzt schreit sie.

Er tritt nach ihr. Die Hausschuhe sind nicht sonderlich fest und hart, dennoch bereiten ihr die Tritte Schmerzen. Sie schreit, kreischt, brüllt mit überschnappender Stimme. Das bringt ihn noch mehr in Rage. Er beugt sich über sie und schlägt ihr mit der Faust ins Gesicht. Dabei verliert er die Balance und kippt nach vorn über. Nun liegt er auf ihr. Sie strampelt und stemmt sich gegen den Körper des Mannes, der auf ihrem Gesicht liegt. Sie kriegt keine Luft. Mühsam befreit sie sich, Schöller rutscht zu Boden. Für Augenblicke kann sie frei atmen. Sie schnauft tief durch, rollt auf die Seite, um sich aufzustützen und dann aufzustehen, doch Schöller hindert sie daran. Er zieht sie erneut nach unten, drischt auf sie ein, soweit er in dieser Lage und in seinem Zustand dazu überhaupt fähig ist. Später wird man feststellen, dass zu diesem Zeitpunkt der Alkoholspiegel bei etwa vier Promille lag, ein normaler Mensch wird bereits bei drei Promille bewusstlos.

Klara Wagner schützt sich vor den blindwütigen, unkontrollierten Schlägen, indem sie die Arme vor den Kopf hält. »Hör auf, du Mistkerl«, schreit sie und muss sich übergeben. Der Mageninhalt ergießt sich in Schöllers Gesicht, was dessen unbändige Wut noch weiter steigert. Die alte Sau, so sagt ihm sein erloschener Verstand, hat ihm mit Absicht in die Fresse gekotzt, und dafür muss sie büßen.

Schöller prügelt, drückt, würgt sie am Hals. Er verschließt ihr mit der Hand den Mund, als sie japsend nach Hilfe schreit. Schließlich verstummt sie, und ihre Arme und Beine zucken auch nicht mehr. Ist sie hinüber? Auf alle Fälle ist sie erst einmal still. Das Gekreische war ja nicht zu ertragen.

Erleichtert rollt er auf die Seite und atmet tief durch. So bleibt er eine Weile liegen, bis er die Trockenheit in seinem Hals verspürt. Er hat Durst, als sei er kilometerweit durch eine Wüste gestapft. Ausgedörrt ist er, ausgebrannt geradezu. Schöller zieht sich am Sessel nach oben und greift, als er in der Senkrechten ist, nach einer Flasche. Wo ist denn nur dieser verdammte Flaschenöffner? Mit flackerndem Blick tastet er den Tisch ab. Ach, da ist ja. Mehrmals greift er daneben, ehe er fluchend das Scheißding zu packen bekommt. Nicht minder mühsam lässt sich der Verschluss von der Bierflasche entfernen, wieder und wieder ratscht der Flaschenöffner am Hals vorbei. Dann aber ist die Pforte ins

Paradies geöffnet und das Bier nimmt seinen Weg in Schöllers Hals.

Er lässt sich wieder in den Sessel fallen und hat keinen Blick übrig für die stumm in der Ecke liegende Frau. Erst Stunden später und einige Biere weiter wird er sie wieder gewahr. Irgendetwas treibt ihn empor, er stolpert zu ihr hinüber und stiert sie an. Sie liegt im Erbrochenen, sie stinkt. Er sollte sie saubermachen. Schöller greift ihre Beine und zieht daran. Sie ist schwer, aber sie bewegt sich. Schritt für Schritt schleift er die Frau durch den Flur hinüber ins Bad. Dort verharrt er eine Weile. Er hockt sich auf den Toilettendeckel und stützt sich mit der rechten Hand auf den Rand der Badewanne, damit er nicht auf die Fliesen fällt. Nach einer Weile fühlt er sich stark genug, die Frau in die Wanne zu hieven. Er lässt sie einfach hineinfallen, nachdem er sie über den Rand geschoben hat. Sie schlägt ohne jede Reaktion dumpf auf dem Grund auf.

Schöller greift zur Handbrause und richtet den Strahl in das Gesicht der Frau, um ihr die Kotze aus dem Haar zu spülen. Das Wasser steigt in der Wanne, weil der Körper auf dem Ausfluss liegt oder der Stöpsel das Abfließen verhindert. Schöller will den Kopf aus dem Wasser heben und schaut sich nach etwas um. Er sieht ein Tuch liegen. Das greift er sich und schlingt es um den Hals der Frau. Er zieht daran ihren Kopf nach oben und verknotet den Seidenschal. Die Schlinge hängt er an die Schraube vom Überlauf. So kann der Kopf nicht untertauchen.

Danach spritzt er ihr noch eine Weile Wasser über Gesicht und Körper, dann hängt er die Brause über den Haken und torkelt zurück ins Zimmer.

Am frühen Morgen kommt er zu sich, der Durst hat ihn geweckt. Verärgert bemerkt er, dass alle Flaschen auf dem Tisch leer sind, nur Tropfen holt er aus ihnen raus. Was Stunden zuvor geschehen ist, liegt im tiefen Nebel, er hat keine Erinnerung. Der Durst überlagert alles und treibt ihn aus der Wohnung. Er weiß, dass auf dem Bahnhof etwas zu trinken zu bekommen ist. Dort muss er hin, sonst verdurstet er. Der Schmerz macht sich bereits in den Eingeweiden bemerkbar. Schöller wankt zur Wohnungstür und lehnt diese nur an. Entweder fehlt die Kraft, um sie zuzuziehen, oder ihm dämmert, dass er keinen Schlüssel hat, den er aber braucht, um die Tür wieder aufzusperren. So taumelt er dem Tag und dem Bahnhof entgegen.

Wenig später kommt Cindy von ihrer Schwester zurück, bei der sie den Neffen gehütet hat. Sie war über Nacht bei Karin geblieben. Doch das lag nicht nur daran, weil sie im Dunkeln nicht allein durch die Stadt laufen mag. Zu viel war in der letzten Zeit passiert, kein Tag verging, in welchem in der Zeitung keine Polizeinachrichten standen. Sie hatte einfach keinen Bock darauf, sich mit dem stets betrunkenen Freund ihrer Mutter anzulegen, und auch ihre Mutter widerte sie zunehmend an, weil sie, statt den Kerl rauszuwerfen, mit diesem soff. Sie ließ sich gehen. Die Wohnung wäre längst schon verwahrlost, wenn nicht Cindy für Ordnung sorgte. Doch sie war es zunehmend leid, den Dreck der beiden wegzuräumen. Sie war fünfzehn und hatte viele Freunde in der Stadt, bei denen sie unterkriechen konnte. Sobald sich die Gelegenheit ergeben würde, dass sie dauerhaft bei jemandem einziehen kann, ist sie weg aus der Biesnitzer Straße. Nie wieder würde sie ihren Fuß in die Wohnung der Mutter setzen, die sie doch einst geliebt hat. Sie ist für sie nur noch eine alte Frau.

Überrascht bemerkt sie, dass die Wohnungstür nur angelehnt ist. Vielleicht bringt die Mutter nur den Müll runter, oder der Kerl, was, zugegeben, sehr ungewöhnlich wäre. Sie lässt das Schlüsselbund wieder in der Tasche verschwinden und tritt in den Flur. Es stinkt nach kaltem Zigarettenqualm, Bier und Erbrochenem. Der Geruch ist ihr sehr vertraut. Wenn sie etwas hasst, dann ist es dieser Kneipengestank, der einem stundenlang in der Nase hängt und auch nicht aus den Sachen geht. Sie hatte es sich abgewöhnt, ihre Jacken und Mäntel an der Flurgarderobe aufzuhängen. In der Klasse rümpften die Freundinnen die Nase, wenn sie sich morgens auf dem Schulhof begrüßten. Na, wieder in der Kneipe übernachtet, scherzten sie. Aber für Cindy war das kein Spaß. Es schmerzte sie. Darum nahm sie all ihre Klamotten aufs Zimmer, und rings um den Türrahmen klebte sie Moosband, damit der Qualm nicht durch die Ritzen zog,

In der Wohnung ist es still, kein Geräusch, nichts. Sie eilt ins Wohnzimmer und reißt als Erstes die Fenster auf, dann mustert sie die Hinterlassenschaft des nächtlichen Saufgelages. Von draußen dringt Vogelgezwitscher herein, das hebt als Einziges ihre Stimmung, die seit Minuten im Keller ist. Wo aber ist die Mutter? Wo der Suffke abgeblieben ist, beschäftigt sie nicht die Bohne. Liegt die Mutter noch im Bett?

Cindy geht hinüber ins Schlafzimmer. Im Ehebett ist niemand. Auch nicht davor. Sie hatte wiederholt der Mutter vom Bettvorleger aufhelfen und sie ins Bett legen müssen, weil sie zu betrunken war, um es aus eigener Kraft zu schaffen. Nein, auch dort sieht sie niemanden.

Vielleicht im Bad?

Die Tür ist angelehnt, der fensterlose Raum dunkel. Sie knipst das Licht an – und schreckt sofort zurück. In der Wanne liegt, nein sitzt mit wirrem, verklebten Haar die Mutter, ein blaugelber Schal hält sie aufrecht, der Kopf neigt sich vornüber.

»Mama, Mama«, schreit sie entsetzt, »was ist mit dir?« Sie stürzt auf die Wanne zu, hebt den Körper an und zieht die Schlaufe vom Haken. Die Mutter ist kalt. Erschreckt lässt sie den Körper auf den Wannengrund gleiten. Sie weiß, was das bedeutet.

Auf der Flurgarderobe hat sie ihre Umhängetasche abgelegt. Sie läuft in den Flur, durchwühlt aufgeregt den Tascheninhalt, bis sie das Handy gefunden hat. Was ist gleich der Notruf? 110 oder 112? Keine Ahnung, sie hat ihn noch nie gebraucht. Sie vertippt sich mehrmals, ehe sich die Feuerwehr meldet. »Kommen Sie schnell, meine Mutter ist tot!«

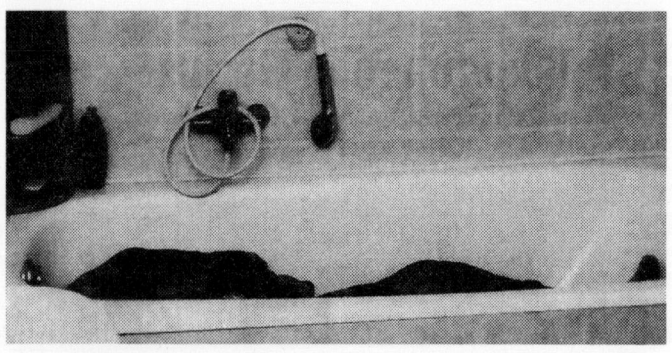

Klara Wagners Leiche in der Badewanne, wie sie ihre Tochter am Morgen fand

»Teilnehmer«, kommt es vom anderen Ende der Leitung, »von wo aus rufen Sie an?«

Cindy verhaspelt sich einige Male, als sie schildert, was sie vorgefunden hat. Dann aber ist der Notruf aufgenommen, sie wird gebeten, vor Ort zu bleiben, man werde sofort kommen.

Danach ruft sie die Schwester an. Mutter sei tot, schreit sie in ihr Mobiltelefon. Sie habe ihre Leiche soeben in der Badewanne gefunden. Die Wohnungstür habe offen gestanden, der Kerl sei weg. Jetzt warte sie auf die Feuerwehr, die sie soeben benachrichtigt habe. »Kannst du kommen?«

Nein, Karin kann nicht kommen, sie muss den Kleinen in die Kita bringen und anschließend zur Arbeit. Außerdem könne sie eh nichts tun, sie müsse nicht auch noch dort herumtrampeln. Cindy solle bei ihr übernachten, denn die Wohnung werde bestimmt versiegelt. Und dann würden sie weitersehen.

Kaum ist das Telefonat zu Ende, dringt auch schon langgezogenes Tatütataah durchs Wohnzimmerfenster. Cindy beugt sich hinaus. Ein Fahrzeug der Feuerwehr und ein gelbroter Notarztwagen stoppen vorm Haus, im Schlepptau ein Fahrzeug der Polizei, aus dem einige Männer springen. Die einen tragen Uniform, die anderen Zivil. Sie winkt. »Hier oben«, ruft sie.

Die Feuerwehrleute trampeln die Treppe herauf, als gelte es einen Brand zu löschen. Cindy öffnet die Wohnungstür und weist in Richtung Bad, ein Mann mit Köfferchen, vermutlich der Arzt, bahnt sich einen Weg durch den Trupp. Ein Blick verriet ihm: Hier kommt jede Hilfe zu spät. Abrücken, sagt er zu den Feuerwehrleuten, ihr werdet nicht gebraucht.

Inzwischen sind auch die Polizeibeamten in der Wohnung eingetroffen und mustern das Badezimmer, das sie »Tatort« nennen. Einer fragt Cindy, ob sie angerufen habe und ob das ihre Mutter sei, worauf die Verstörte mit dem Kopf nickt.

»Könnt ihr mal nach nebenan gehen«, sagt einer der Polizisten, der offenkundig das Kommando hat, »der Arzt und die KT müssen in Ruhe arbeiten«.

Der Mann im Anzug fragt Cindy, nachdem er einen Blick ins Wohnzimmer warf, ob sie nicht besser in die Küche gehen sollten, wo es vielleicht nicht ganz so wild ausschaue.

Er weiß sofort Bescheid, wo man sich befindet, denn Wohnungen wie diese sah er nicht wenige in der Stadt, seit die Arbeitslosigkeit hochging. Auch wenn die Brauereien deutschlandweit den Rückgang des Bierkonsums bejammern, wird viel gesoffen. Kriminaloberkommissar Karlotta – den die

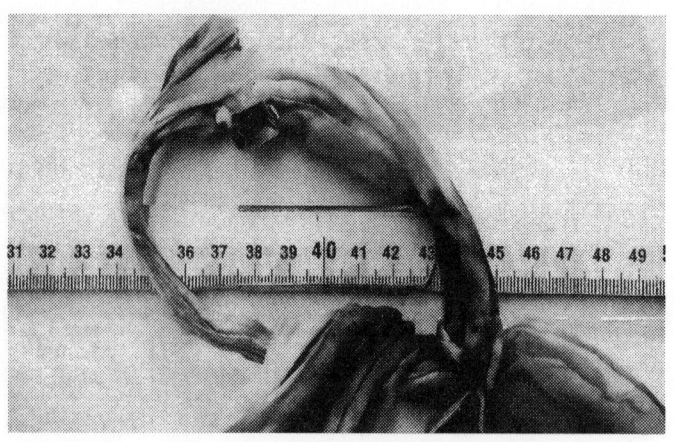

Der Seidenschal, an dem Klara Wagner hing

Kollegen nur KOKK rufen, wobei die ersten drei Buchstaben die Abkürzung seines Dienstranges im gehobenen Polizeivollzugsdienst sind – ist schon lange dabei, und in Abwandlung einer ihm bekannten DDR-Losung, wonach immer weniger Werktätige immer mehr produzieren sollten, kreierte er den Spruch: Immer weniger saufen immer mehr. Damit hat er gewiss nicht unrecht. Denn während immer mehr Menschen zu gesünderem Mineralwasser und Säften greifen, füllen sich andere mit immer mehr Alkohol ab. So viele Trinker und Alkoholkranke wie gegenwärtig hat es vermutlich noch nie gegeben.

KOK Karlotta nimmt auf einem der Küchenstühle Platz und zückt sein Notizbuch. Er nennt seinen Namen und erkundigt sich nach dem der 15-Jährigen. Dann lässt er sich schildern, was sie wann vorgefunden hat. Cindy berichtet stockend, wenngleich zusammenhängend, Karlotta notiert.

»Und du bist dir sicher, dass deine Mutter allein mit ihrem Freund in der Wohnung war?«

»Natürlich. Die tranken immer allein, die ließen niemanden in die Wohnung. Dazu waren sie viel zu klamm, um mit anderen zu saufen. Ich musste meiner Mutter sogar das Waschpulver bezahlen, wenn ich die Waschmaschine benutzte. Das Geld langte hinten und vorn nicht, um die tägliche Alkoholmenge für sich selbst zu bezahlen. Da teilt man nicht noch mit anderen.«

»Wer war ihr Freund?«

Cindy nennt den Namen. Karlotta pfeift durch die Zähne. »Kennen wir.«

Das verwundere sie nicht, sagt Cindy. Mama hätte zwar nie über ihn gesprochen, kein schlechtes Wort sei in ihrem Beisein gefallen. Doch sie habe verschiedentlich von anderen gehört, dass es sich um einen schlimmen Finger handele. Eben ein richtiger Assi.

Karlotta zückt sein Handy. Es steckt in der rechten Innentasche seines Jacketts – im linken war das Notizbuch. Das Jackett gehört zum Anzug, der, was Cindy nicht weiß, andernfalls würde sie sich trotz ihres Schmerzes über den Verlust der Mutter vor Lachen krümmen, offiziell »lageangepasste Zivilkleidung« heißt. Kriminalisten tragen in Deutschland keine Uniform, sondern »bürgerliche Kleidung«, und zwar »lageangepasste«.

Karlotta drückt eine Taste, und sofort hat er jemanden in der Leitung. »Manfred, gib mal eine Fahndung raus nach Siegbert Schöller – jaja, ein alter

159

Bekannter –, 55 Jahre, Biesnitzer Straße, Brillenträger. Ich denke, die Streifenwagen müssen nur die einschlägigen Säuferecken abklappern. Es besteht dringender Tatverdacht, dass er den Tod von Klara Wagner vorsätzlich oder im Affekt herbeigeführt hat.« Pause. Karlotta hört den Kommentar seines Kollegen. »Ja, ich weiß, vor zehn Jahren hat er im Suff einen Mann totgeschlagen.« Schließlich beendet er das Gespräch mit der Bitte, umgehend informiert zu werden, sobald Schöller gefunden ist. Dann wendet er sich wieder Cindy zu.

Es dauert keine Viertelstunde, da vibriert das auf dem Küchentisch liegende Handy. Karlotta meldet sich, nickt, sein Gesicht legt sich in freundliche Falten. Den Grund für die freudige Erregung hört Cindy mit.

»Ihr habt ihn am Bahnhof gefunden? Wunderbar. Er ist nicht vernehmungsfähig? Hackedicht, sagst du? Okay, dann soll er in Großschweidnitz seinen Rausch ausschlafen. Sobald er wieder sprechen und klar denken … ja, ich weiß … Die Klinik soll uns informieren, sobald man mit ihm reden kann.«

Nach dem Telefonat kommt Karlotta rasch zum Ende. Er erkundigt sich, ob sie eine Adresse habe, wo sie unterkäme, denn man müsse die Wohnung zunächst versiegeln. Und um das andere müsse sie sich vorerst nicht sorgen. Die Verstorbene – er sagt bewusst nicht »deine Mutter« – müsse erst noch obduziert werden, um die Todesursache zu ermitteln. Danach würde die Freigabe erfolgen.

»Gibt es noch weitere Angehörige, die zu informieren sind.«

»Ich mache das schon«, sagt Cindy.

In solchen Familie werden die Kinder beizeiten erwachsen.

Der »erste Angriff«, wie die Kriminalisten den Beginn der Ermittlungen nach einem Verbrechen nennen, war also erfolgreich. Der potenzielle Täter ist dingfest gemacht, wenngleich nicht vernehmungsfähig. Indizien und Zeugenaussagen, insbesondere die Informationen von Cindy Wagner, sind eindeutig und lassen keinen anderen Schluss zu als jenen, dass Schöller seine Lebensgefährtin getötet hat. Die Untersuchung der Leiche wird ergeben, was ursächlich für den Tod der Frau war.

Zwei Tage nach Schöllers Einlieferung in die Klinik kommt die Mitteilung, dass dieser vernehmungsfähig sei. KOK Karlotta springt sofort in den Dienstwagen und fährt hinüber in die idyllisch gelegene Gemeinde, in der sich die nunmehr »Sächsisches Krankenhaus Großschweidnitz« nennende Einrichtung befindet. Die als Villenkolonie konzipierte Heil- und Pflegeanstalt war um die Jahrhundertwende gebaut worden und seither durchgängig in Betrieb, es gab Höhen und Tiefen und auch ziemlich finstere Seiten. In der Nazizeit war die Einrichtung in die Euthanasie-Verbrechen eingebunden; 1947 hatte man zwei Ärzte und fünf leitende Schwestern zu mehrjährigen Zuchthausstrafen verurteilt. Einen merklichen Aufschwung, weil nunmehr auch mehr

Mittel zur Verfügung standen, nahm die Klinik im verflossenen Jahrzehnt.

Karlotta kennt die Station, er ist nicht zum ersten Male hier. Und er sitzt auch nicht zum ersten Mal Schöller gegenüber.

»Sie wissen, warum Sie verhaftet wurden?«, beginnt Karlotta vorsichtig und fixiert das stoppelbärtige Gesicht. Schöller weicht dem strengen Blick aus.

»Nein«, sagt er. »Ich habe einen totalen Filmriss … Können Sie mir nicht etwas zu trinken besorgen?«

»Ja«, sagt Karlotta, »Wasser«.

Ihn trifft ein verächtlicher Blick.

»Wer Klara Wagner ist, wissen Sie aber noch?«

»Ja. Das ist die Alte, mit der ich gelebt habe.«

»Frau Wagner ist tot.«

»Was habe ich damit zu schaffen?« Jetzt wird Schöller pampig.

»Es liegt ein Tötungsverbrechen vor. Es gibt einen Hauptverdächtigen: Sie.«

»Ich kann mich an nichts mehr erinnern. Ich hatte, wie ich schon sagte, einen totalen Filmriss.«

Karlotta nickt. »Verstehe. Versuchen wir uns also gemeinsam heranzutasten. Vor drei Tagen war Sonntag. Es war heiß. Heiß wie heute. Waren Sie draußen oder drinnen?«

»Bei der Affenhitze geht man doch nicht vor die Tür.«

»Wir haben auf dem Couchtisch eine ganze Batterie leerer Flaschen gefunden. Haben Sie die geholt?«

»Nee, die Alte. Ich sagte doch schon, dass ich bei der Hitze nicht auf die Straße gehe.«

»Also Frau Wagner hat das Bier geholt. Wann?«

»Gegen Abend. Es war ja nichts mehr da. Da hab ich sie noch mal zum Bahnhof geschickt.«

»Aha. Daran können Sie sich also noch erinnern.«

Schöller schweigt.

Karlotta setzt fort. »Und dann haben Sie gemeinsam getrunken.«

Schöller sagt nichts.

»Und sich gestritten.«

Keine Reaktion.

»Wir haben hinter der Couch Glassplitter gefunden und an der Wand darüber Spuren an der Tapete. Das sieht aus, als sei eine Flasche dagegen geworfen worden.«

»Die blöde Kuh hat sie geschmissen. Die sollte mich treffen, die Flasche.«

»Aha«, sagt Karlotta, und noch einmal »aha«. »Und warum hat sie mit der Flasche nach Ihnen geworfen?«

»Weil ich ihr gesagt habe, dass sie endlich ihr Maul halten soll. Dieses ständige Genöle und Gemecker ging mir auf den Sack.«

»Worüber hat sie denn gemeckert?«

»Immer die gleiche Scheiße: Wir haben kein Geld … Du liegst mir auf der Tasche … Ich muss immer das Bier ranschleppen … Den ganzen Tag hängst du hier rum …«

»Das stimmt natürlich nicht.« Karlottas Ironie verfängt nicht. Schöller macht die Jalousien dicht.

Karlotta bedrängt ihn. »Ein Wort gibt das nächste, es geht hin und her, dann wirft sie mit der Flasche

… Und da sind Sie aufgestanden und haben ihr eine geklebt.«

Schöller reagiert, als könne er sich plötzlich wieder erinnern. »Und was für eine. Ich wollte Ruhe haben. Da habe ich ihr eine Ohrfeige verpasst.«

»Oder auch zwei?«

»Weiß ich nicht. Jedenfalls habe ich ihr eine geknallt. Dann ist sie umgefallen, hat gestrampelt und geschrien und mich dann auch noch vollkotzt, als ich ihr den Mund zugehalten habe, damit sie endlich still ist.«

»Und plötzlich war sie still?«

»Ja. Dann hat sie nichts mehr gesagt.«

»Danach haben Sie sie in die Wanne geschafft. Oder ist sie allein ins Bad gegangen und hat sich in die Wanne gelegt. Mit einem Schal?«

Schöller sinniert. Nach einer Weile sagt er: »Ja, das war ich. Glaube ich jedenfalls. Ich wollte die Kotze abspülen. Und damit sie mir nicht absäuft in

Schon die zweite Tote
Weil sie schimpfte: Görlitzer erwürgte seine Freundin

Die Presse hat ihre Schlagzeile

der Wanne habe ich ihren Kopf mit irgendsonem Stofffetzen festgebunden …«

»Und dann …?«

»Keine Ahnung. Ich weiß nichts mehr.«

»Aber Sie geben zu, dass Sie den Kopf von Klara Wagner mit einem Stoff festgebunden haben.«

»Na klar, ich wollte doch verhindern, dass sie in der Badewanne ersäuft.«

Die Gerichtssektion sorgt nicht unbedingt für Klarheit. Tatsache ist: Klara Wagner ist tot. Aber die Mediziner können nicht eindeutig sagen, ob der Tod nun durch Erwürgen oder Erdrosseln herbeigeführt wurde. Diese Frage ist nicht unerheblich, denn die Seidenschalschlinge kann auch von der Toten selbst angelegt worden sein. Ein ausgeschlafener Verteidiger würde im Gerichtsverfahren darauf springen. Denn er könnte einen Suizid unterstellen. Sich selbst erwürgen jedoch kann man nicht.

Die Gerichtsmediziner hatten am Hals Würgemale entdeckt. Es gab Kratzer und Abschürfungen, die von Fingernägeln herrührten. Wie sich bei genauerer Untersuchung allerdings zeigte, war der Gefäßverschluss nicht vollständig. Die Wirbelsäulenarterie war nicht komplett abgeklemmt worden, worauf die Stauungsblutungen in der Bindehaut hindeuteten. Vermutlich hatte die Kraft des Täters nicht ausgereicht oder die Gegenwehr des Opfers war zu groß, dass er von ihm ablassen musste.

Das also schied als Todesursache erst einmal aus, KOK Karlotta macht einen Haken an den Befund.

Bliebe also das Erdrosseln. Da die Merkmale sich mit denen beim Erhängen gleichen – die Mediziner sagen, dass eine Drosselmarke wie eine Erhängungsmarke ausschaue –, ist die Unterscheidung vergleichsweise schwierig. So ist schon mancher Mord als Selbstmord bei Gericht durchgegangen. In beiden Fällen wird die Blutzufuhr zum Gehirn unterbrochen, die Luftwege werden abgeschnürt und die Halsnervengeflechte gereizt.

Das war auch hier der Fall.

Die Gerichtsmediziner streiten nun untereinander, also wird es Aufgabe des Gerichts sein, hier auch andere belastende und entlastende Momente zu bewerten, oder wie es im Juristendeutsch heißt: zu würdigen. Und die müssen auch die Kriminalisten beibringen.

Aber ist Schöller überhaupt verhandlungsfähig? Diese Frage muss ein psychiatrisches Gutachten beantworten. Denn wenn der vermutliche Täter nicht alle Tassen im Schrank hat, muss er therapiert und nicht eingesperrt werden.

Die Fachmediziner kommen zunächst zum Schluss, dass Schöller »therapeutisch resistent« sei. Aufgrund des jahrelangen Alkoholmissbrauchs – er benötigt täglich mindestens siebeneinhalb Liter Bier, um sich relativ entspannt zu fühlen – ist die Persönlichkeit erheblich psychisch gestört. Mit Blick auf die Straftat von 1993 und die Folgen schreiben sie, es gäbe kaum vergleichbare Fälle, dass jemand bei einer solchen Verurteilung rückfällig geworden sei. Heißt im verständlichen Deutsch: Ein Totschläger oder

Mörder, der nicht für die Tat, sondern für den Vollrausch bestraft wurde, wird das Urteil als »Schuss vor den Bug« und eben nicht als Volltreffer verstehen und sich darum fürderhin in Acht nehmen. Nicht so Schöller. Die Fachleute prognostizieren, dass er – unter Alkoholeinfluss unberechbar – auch ein drittes oder viertes Mal zuschlagen könnte. Ob nun mit oder ohne Therapie.

Zudem konzedieren sie, dass Schöllers ohnehin »unter der Norm« liegende intellektuelle Leistungsfähigkeit durch den fortgesetzten Alkoholkonsum »um ein Vielfaches herabgesetzt« sei. Er ist nicht mehr in der Lage, Vorgänge in der Umwelt real einzuschätzen und Personen differenziert zu beurteilen. Er akzeptiert keinen sozialen Rahmen, eine selbstbestimmte und freiwillige Ein- und Unterordnung in eine Gemeinschaft sei daher ausgeschlossen. Schöller könne nur in Gemeinschaften existieren, wo eindeutige Vorgaben alles regeln, wo der Tagesablauf klar strukturiert, wo ihm diktiert wird, was er zu tun hat. Schöller, sagen sie, braucht einen Rahmen für seinen täglichen Lebensablauf. Auf sich allein gestellt, wird er immer scheitern.

Und wo gibt es eine solche »geschlossene Gemeinschaft«? Die Gutachter plädieren einstimmig für Sicherheitsverwahrung.

Das Landgericht macht sich die Sicht der Fachleute zu eigen. Auch den Zweifeln der Gerichtsmediziner schließen sie sich an, indem sie Schöller gemäß § 212 StGB zu neun Jahren verurteilen. Der Paragraf lautet nämlich: »(1) Wer einen Menschen tötet, ohne

Mörder zu sein, wird als Totschläger mit Freiheitsstrafe nicht unter fünf Jahren bestraft.« Und nachdem diese Haft verbüßt sein wird, kommt Siegbert Schöller Zeit seines restlichen Lebens in Sicherungsverwahrung.

Er ist damit einer von etwa fünfhundert Straftätern, die in Deutschland in Sicherungsverwahrung leben. Es gibt nur wenige Einrichtungen, in denen solche Menschen nach Verbüßung ihrer Haftstrafe untergebracht sind. Sie befinden sich in einer Art Wohngemeinschaft, haben in der Regel zwei Räume für sich, nutzen eine Küche und diverse Freizeit- und Fitnessräume gemeinsam, auch im Freien gibt Freizeitanlagen, in denen sie sich gleichfalls frei bewegen können. Der Tagesablauf ist reglementiert und wird kontrolliert.

Als besonders gefährlicher Straftäter, der eine Gefahr für die Allgemeinheit darstelle – so das Landgericht in seinem Urteil –, lebt Siegbert Schöller heute an einem unbekannten Ort in einer solchen Einrichtung. Er wird sie, so steht zu vermuten, nicht mehr lebend verlassen.

Plötzlicher Kindstod

»Jetzt reicht's!« Wütend knallt Krause die Akte auf den Tisch. Der Hauptmann, Leiter der K, ist außer sich. Raschke hat den Chef noch nie so erlebt. »Sofort alle Genossen, die im Haus sind, ins Besprechungszimmer. Trommle alle zusammen.«

Der Unterleutnant ist irritiert. Er verharrt vor dem Schreibtisch, kratzt sich verlegen hinterm Ohr und zieht die Oberlippe kraus.

»Ist noch was?«

»Genosse Krause, was soll ich denen sagen?«

»Raschke, das ist ein Befehl, da fragt man nicht nach, den führt man aus. Hast du das auf der Polizeischule in Aschersleben nicht gelernt?«

Der Chef zeigt, wer hier der Chef ist. Das hat er allerdings nicht nötig. Hans Krause genießt Vertrauen und Respekt nicht nur unter den Görlitzer Kriminalisten. Er ist eine Autorität. Und als Kriminalist eine Kapazität. Als junger Mann war er nach dem Krieg zur Volkspolizei gekommen. Dass er aus Ostpreußen kam, hört man ihm noch immer an. Den breiten, weichen Dialekt, den man jenseits der Masuren sprach, hat sich noch nicht ganz verloren. Krause dehnt noch immer die Vokale, während die

Einheimischen das R rollen und das S zerreiben. Und er ist nicht ganz so stur wie diese.

Krause spricht nie über seine Kindheit und Jugend, was nicht einem eingeschränkten Mitteilungsbedürfnis geschuldet ist, sondern der Tatsache, dass sich seine Vergangenheit in einer Gegend zugetragen hat, die heute »Kaliningrader Gebiet« heißt und eine sowjetische Exklave ist. In der DDR sind die Gebiete im Osten, die bis 1945 zu Deutschland gehörten, als Gesprächsthema tabu. Nazideutschland hatte seine Nachbarn überfallen und beraubt, die Völkergemeinschaft saß anschließend über dem Terroristenstaat zu Gericht und verlangte Entschädigung. Diese wurde auch in Gestalt von Territorien geleistet. Dass unweit vom Volkspolizeikreisamt die Grenze zu Polen verläuft und ein Teil von Görlitz jetzt Zgorzelec heißt, hat damit zu. Zur Wiedergutmachung, so meint man in Berlin, gehört jedoch auch, dass man nicht mehr von Ost- und Westpreußen, Schlesien und Neumark spricht. Man möchte nicht den Verdacht wecken, die Ostdeutschen wollten die verlorenen Gebiete zurückhaben. Revanchismus überlässt man den Westdeutschen, wo Landsmannschaften und Parteien jenen Provinzen nicht nur nachtrauern, sondern sie auch unverholen zurückfordern. Die Nachkriegsgrenzen werden durch Bonn nicht anerkannt. Und da die militärstrategische Ausrichtung des Westens »Rollback« lautet, die NATO und insbesondere die Bundesrepublik die Geschichte »zurückrollen« möchten, ist dies nicht nur ein Streit um Worte und Begriffe. Kriege beginnen meist damit, dass Grenzen nicht respektiert werden. Die DDR und Polen schlossen darum 1950 einen Vertrag über die Oder-Neiße-Grenze. Und über die ehemaligen deutschen Gebiete hinter dieser Linie wird nicht mehr gesprochen, basta. Das ist die Linie der Partei, der Krause angehört. Und die ist für ihn gültig.

Was nicht ausschließt, dass er sich gern an das Dorf im Kreis Gumbinnen erinnert, in welchem er aufwuchs. An die hügelige, waldreiche Landschaft, über die die Wolken in geringer Höhe dahinsegelten. In seiner Erinnerung ist auch das Licht ein anderes als hier in der Niederlausitz. Aber er kann sich auch täuschen. Vieles, was in der Vergangenheit liegt, ist meist größer, schöner, bunter als die Gegenwart. Als Kind hat man einen anderen Blick. Empfindet intensiver, ist frei von Vorurteilen und Erfahrungen. Naivität begreift man als Privileg erst dann, wenn sie vorbei ist. Beneidete er darum Leute, die sich lange ein kindliches Gemüt bewahrten? Mag sein.

Krause strafft sich. Er nimmt die Kladde, atmet tief durch und geht über den Flur ins kleine Konferenzzimmer. Dort erwartet ihn bereits ein halbes Dutzend Offiziere, fast das ganze Kommissariat 3. Gute Leute durch die Bank, denkt er. Aber zu wenig, um die Welt zu retten.

»Genossen«, beginnt er, und damit wissen die am Tisch Sitzenden, dass es jetzt ganz amtlich und offiziell wird, womit das große Rätselraten beginnt: Ist Breshnew gestorben oder Ulbricht gestürzt, sind die Russen auf dem Mond gelandet, oder haben die Amis Kuba besetzt?

Nichts von alledem.

»Genossen«, hebt Hauptmann der K Krause an, »wir haben ein totes Kind.« Damit meint der Chef nicht, dass eines seiner beiden Kinder verstorben ist, sondern dass es um irgendein Kind geht, welches nicht mehr am Leben sein soll. Und da sie Kriminalisten sind, wird es wohl auf unnatürliche Weise gestorben sein. Also Mord oder Totschlag oder ein Unglück, denn Selbstmord scheidet in dieser Altersgruppe wohl aus.

»Es ist der dritte Fall binnen eines Jahres! Wo leben wir eigentlich?« Krause tritt sichtlich übellaunig, wenn nicht gar wütend von einem Bein auf das andere. »Wo sind die Nachbarn, die Arbeitskollektive, die staatlichen Stellen? Wo die sozialistische Menschengemeinschaft, von der wir immer vollmundig reden? Haben wir es mit Rudimenten der seelenlosen, kalten Klassengesellschaft zu tun oder handelt es sich um einen Rückfall in überwunden geglaubte Zeiten? Ich weiß es nicht. Ich bin ratlos.«

Krause setzt sich und blickt in die schweigende Runde. Er sieht nur fragende Gesichter.

Krische, sein Stellvertreter, räuspert sich.

»Was ist?«, fährt Krause ihn an.

»Äh, Hans, entschuldige, um was geht es eigentlich? Wir verstehen nur Bahnhof.«

Krause schweigt, dann schlägt er sich mit der flachen Hand an die Stirn. »Natürlich, ich Trottel. Ihr wisst ja nicht, wovon ich rede. Entschuldigt bitte, ich bin so empört und in Rage, dass ich völlig vergaß, euch über die Fakten zu informieren.«

Er öffnet die Kladde vor sich auf. Es sei gestern ein Anruf eingegangen. Ein Kinderarzt hatte sich irritiert gezeigt, weil eine Frau von ihm telefonisch den Tod ihrer siebenmonatigen Tochter habe bescheinigen lassen wollen. »Plötzlicher Kindstod« hätte die Mutter erklärt. »Nun wissen wir – also die Wissenschaft – über die Ursachen solcher Unglücksfälle so gut wie nichts. Säuglinge und Kleinkinder hören auf zu atmen, wachen nicht mehr aus dem Schlaf auf, sterben ohne jegliche Anzeichen einer Erkrankung oder dergleichen. Das ist also ein Fall für die Mediziner. Wenn es Zweifel gibt, der Tod vielleicht doch nicht plötzlich und unerwartet eingetreten ist, werden die Kriminalisten angefordert. Ein solcher Fall liegt vor.«

Der füllige Hauptmann macht eine Pause, atmet schwer. Bevor er auf den konkreten Sachverhalt zu sprechen komme, wolle er noch einmal an den Fall Alexander erinnern. Im vergangenen Jahr war ein Säugling im städtischen Klärwerk aufgefunden worden. Sie ermittelten, dass der Kindsvater – ein angesehener Klempnermeister aus der Berliner Straße – das Neugeborene in der Kanalisation »entsorgt« hatte. Mit Kenntnis und durchaus auch mit Billigung seiner gehandicapten Angetrauten hatte er eine in seiner Firma tätige junge Frau geschwängert und das Kind aus der Welt geschafft. Die Ermittlungen der K förderten noch einen zweiten Kindsmord zutage: Bereits zwei Jahre zuvor hatte derselbe Mann sich eines außerehelichen Kindes ebenfalls nach der Geburt entledigt.

»Das war im September. Und wir fragten uns seinerzeit, warum niemand die Schwangerschaft jener Frau bemerkt haben wollte. Weshalb die werdende Mutter, nachdem alle illegalen Abbruchversuche gescheitert waren, das erste und auch das zweite Kind in einer fremden Wohnung zur Welt bringen konnte, ohne dass die Nachbarn etwas hörten. Wir fanden, dass das ein Skandal sei. Wie das Gericht urteilt, wissen wir nicht. Das Verfahren ist noch anhängig, es soll dem Vernehmen nach erst im Herbst vor dem Bezirksgericht Dresden stattfinden.

Danach, im Herbst '66, das ist noch nicht so lange her, hatten wir den Fall Manuela Schmidt. Die Achtjährige war jahrelang von ihrer Mutter brutal misshandelt worden. Als im Kindergarten und später in der Schule die Folgen der Schläge, der Verbrennungen und Verbrühungen bemerkt und gemeldet wurden, traute man den Ausreden und Beschwichtigungen der Mutter mehr als den eigenen Augen. Im Januar – ihr erinnert euch – hat das Kreisgericht Görlitz Frau Schmidt zu zwei Jahren und zwei Monaten verurteilt.*

Und nun das hier!«

In der Tür erscheint ein Mann in Uniform. Die Silberlitzen auf der Schulter tragen zwei Sterne.

»Ah, Genosse Nolte. Du kommst aufs Stichwort«, begrüßt Krause den Leutnant vom Stab aus dem Erdgeschoss. Ihn müsse man hier vermutlich nicht vorstellen, sagt Krause in die Runde.

»Der ODH ist der Meldung nachgegangen und fuhr zu der Adresse, die er vom Arzt erhalten hatte.

Aber er soll besser selbst berichten und uns ins Bild setzen. Bitte, Genosse Nolte.«

Der hochgewachsene Mann mit den ausgeprägten Geheimratsecken lässt sich auf dem Stuhl nieder, den ihm Krause unter den Hintern schiebt. Er teile die Empörung von Hauptmann Krause, hebt er an, drei Fälle dieser Art in einem Jahr seien genau drei zu viel. Aber er sehe keinen Zusammenhang. Allenfalls den, dass hier Dinge vor unser aller Augen geschehen sind, die bei größerer Aufmerksamkeit hätten verhindert werden können.

»Verhindert werden *müssen*!«, ruft Krause dazwischen.

»Gut: verhindert werden müssen. Wobei ich momentan nicht weiß, auf welche Weise das geschehen könnte. Aber darauf werden wir sicherlich noch zu sprechen kommen, wenn der Fall abgeschlossen ist und Schlüsse gezogen werden müssen. Ich möchte jedenfalls nicht, dass mein schöner Heimatort in der Republik zur Stadt der Rabenmütter und Kindsmörder wird.«

»Nicht nur wegen des Rufs unserer Stadt müssen wir etwas tun«, wirft Krauses Stellvertreter Krische ein. »Das hat auch was mit unserer Gesellschaft zu tun. Was ist dass denn für ein Sozialismus, wo die Kinder nicht sicher sind? Der Charakter einer Gesellschaft zeigt sich doch darin, wie sie sich zu ihren schwächsten Gliedern verhält …«

Krause legt ihm die Hand auf den Arm. »Lass mal gut sein, Manfred, wir haben Dienstbesprechung, nicht Parteilehrjahr.«

Manfred Krische richtet schmollend den Blick auf die Tischplatte aus Sprelacart.

Der lange Leutnant hebt wieder an. »Gestern meldete sich gegen 17 Uhr Dr. Winkler, der Kinderarzt. Eine Frau Luise Menge habe ihn angerufen und gebeten, er solle ihr einen Totenschein ausstellen, damit sie ihre Tochter beerdigen könne. Er habe ihr gesagt, dass das so nicht gehe, er müsse mindestens das Kind sehen. Darauf sie: Sie käme mit dem Kind vorbei. Winkler verlangte ihre Adresse für den Totenschein. Die gab sie ihm auch. Als der Doktor aber sagte, dass es üblich sei, bei unnatürlichen Todesfällen auch die Polizei zu informieren, habe sie aufgelegt.

Nach dem Anruf von Dr. Winkler sind wir mit der SMH und dem Staatsanwalt – der ja immer bei unnatürlichen Todesursachen mitkommt – in die Kunnerwitzer Straße 10 gefahren.«

»Da hättet ihr auch laufen können«, grinste einer aus der Runde. »Das ist doch hier um die Ecke.«

Nolte geht darauf nicht ein und fährt ungerührt fort. »Leute, so eine Wohnung habt ihr noch nicht gesehen!« Ihm steht der Ekel ins Gesicht geschrieben. »Überall Dreck und Unrat, leere Flaschen und Müll, und dazwischen drei kleine Kinder, die aussahen, als hätten sie noch nie in einer Badewanne gesessen. Und ein Gestank wie im Puma-Käfig. Es ist mir unerklärlich, wie man in einem solchen Loch leben kann.

Die Mutter – ziemlich betrunken – reichte uns ungerührt ein Bündel. Da, sagte sie, das ist Melanie. Sie ist tot. Sie schob uns den Säugling zu wie eine lästige Sache, die sie loswerden wollte. Dabei wirkte sie geradezu froh und erleichtert. Keine Träne, keine Trauer, nix.«

»Und der Mann?«

»Schien auch nicht ganz nüchtern und an Herzdrücken zu leiden.«

»Was sagte der Arzt von der Schnellen Medizinischen Hilfe?«

»Der war sprachlos wie wir. Er hat sich nur kurz das Würmchen angesehen. Das war nur Haut und Knochen, wund und schmutzig im Genitalbereich. Er müsse sofort in die Pathologie nach Dresden. Auch der Staatsanwalt sah das so. Von wegen ›plötzlicher Kindstod‹ – der Säugling ist schlicht verhungert. Den Rest«, so schließt Leutnant Nolte seinen kurzen Vortrag, »findet ihr in meinem Bericht.«

»Der liegt hier«, sagt Krause und tippt auf die vor ihm liegende Mappe. Der Leiter des VPKA habe ihm den Auftrag erteilt, dass die K ermitteln solle. Hier gehe es nicht um Kindstod, sondern um Kindsmord. Die Staatsanwaltschaft sei auch bereits informiert. »Erstens ist festzustellen, ob schuldhaftes oder vorsätzliches Handeln der Mutter oder der Eltern vorliegen. Und zweitens müssen wir ermitteln, ob mögliche und nötige Hilfeleistung unterblieben, kurz: Haben sich Dritte mitschuldig gemacht? Ich denke, wenn wir die Sache konzentriert angehen, sollten wir in wenigen Tagen ausreichend aussagekräftiges Material erarbeitet haben, mit dem die Staatsanwaltschaft etwas anzufangen weiß.«

Er mustert seine Mitarbeiter.

»Jürgen«, er weist auf Unterleutnant Raschke, »du nimmst dir die Nachbarn vor, Kindergarten, ABV, Verkaufseinrichtungen in der Umgebung und so weiter. Du weißt schon …«

»Ich gehe in die Betriebe, in denen die Eltern gearbeitet haben«, meldet sich Krische.

»Da wirst du nicht viel zu tun bekommen«, sagt der lange Leutnant. »Sie ging nicht arbeiten und er keiner ausdauernden Tätigkeit nach. Außerdem ist Menge seit 14 Tagen krankgeschrieben. Das habe ich gestern schon herausbekommen. Und dass er mal auf dem Bau, mal bei der Post Pakete sortieren, mal als Gleisarbeiter bei der Bahn, mal Kraftfahrer, mal Eisverkäufer war … Die Liste der Eintragungen in seinem Sozialversicherungsausweis ist länger als deine Krawatte.«

»Woher willst du wissen, wie lang mein Schlips ist?«, entgegnet Krische mit einer Stimme zwischen Erheiterung und Verärgerung.

Nolte grinst ihn an. »Selbst wenn er dir bis zum spitzen Knie reichte, wäre er zu kurz.«

»Gut, dann wäre das auch geklärt«, sagt der Chef. Er werde sich um die Eltern kümmern, die Kinder vom Jugendamt abholen lassen. »Jugendamt, richtig. Wer schaut sich dort mal um? Und bei der Mütterberatungsstelle, der Jugendhilfe, dem Kinderarzt, bei der Impfstelle – also alle Institutionen, die sich von amtswegen um Heranwachsende zu kümmern haben.«

Eine Hand geht nach oben.

»Manfred, du schon wieder?«

»Nolte hat ja eben gemeint, dass die Arbeitsstellen nicht so ergiebig sein dürften. Also würde ich gern diesen Part übernehmen.«

»Wunderbar, so machen wir das. Und Klaus«, Krause weist auf Sarkowski, »du unterstützt ihn dabei. Alles klar.«

Leutnant Sarkowski nickt.

Krause beendet die Lithurgie. »Wir treffen uns jeden Morgen bei Dienstbeginn zum Rapport. Noch Fragen, Genossen?«

Noch am Vormittag lässt Hauptmann Krause die Kindsmutter zuführen. Er hat keinerlei Neigung, die verwahrloste Wohnung selbst in Augenschein zu nehmen. Die Ausführungen von Leutnant Nolte waren deutlich genug, er verfügt über ausreichend Fantasie, um sich das Quartier im Detail vorzustellen. Das Jugendamt ist, wie er soeben erfuhr, bereits aktiv geworden und hat auf Anordnung des Staatsanwalts die Kinder in seine Obhut genommen. Sie kommen bis zur endgültigen Klärung vorübergehend in ein Heim. Das gibt Krause die Möglichkeit, auch Lothar Menge, den vermutlichen Kindsvater, »zur Klärung eines Sachverhalts« ins VPKA vorzuladen. Und damit dieser den Termin auch nicht verpasst, bestellt Krause für 15 Uhr einen Pkw bei der ZKS. Das sind die Zentralen Kräfte der Schutzpolizei, in verständlichem Deutsch: die Funkstreifenwagen. Diese stehen im Innenhof, vor dem roten Haus, in welchem das von ihm geleitete Kommissariat 3 in der zweiten Etage arbeitet.

Luise Menge wartet bereits im Vernehmungszimmer auf ihn. Er ließ sie gleich nach der Morgenrunde abholen, nachdem der Staatsanwalt den Haftbefehl unterschrieben hatte.

Krause dämpft seine innere Erregung, ehe er den Raum betritt. Das ist unprofessionell, sagt er sich. Man darf selbst in den schwierigsten Situationen die eigenen Gefühle nicht offenbaren, zumindest nicht gegenüber Tatverdächtigen. Das macht einen angreifbar. Empathie ja, sich einfühlen in die Lage des anderen – aber man selbst muss neutral bleiben.

Vor Gericht kann ein cleverer Anwalt auf vermeintliche Vorurteile und Befangenheit des Vernehmers verweisen, wenn dieser zu sehr sein Inneres in der Vernehmung nach außen kehrte. Das hat zwar kaum Einfluss auf das Verfahren und die Urteilsfindung. Doch einen schalen Beigeschmack besitzt es allemal.

Krause atmet noch einmal tief durch, ehe er die Klinke nach unten drückt. In dem karg möblierten Raum sitzt die Frau auf einem Stuhl vor dem Schreibtisch, er sieht nur ihren schmalen Rücken. Neben der Tür steht ein Polizist mit versteinertem Blick, seine Hände liegen übereinander vorm Gemächt. Vor geraumer Zeit hatte es im Hause eine Auseinandersetzung darüber gegeben, wo bei solcher Wache sich die Hände befinden sollten. Ausgangspunkt war die Beschwerde eines Zugeführten, der über seinen Anwalt sich darüber mokiert hatte, dass der Polizist lässig seinen beiden Daumen im Koppel eingehenkt gehabt hätte, was er als überheblich, anmaßend und furchteinflößend empfand. Das sei unzulässiger Druck gewesen, behauptete der Winkeladvokat. Daraufhin hieß es, dass die Hände auf dem Rücken zu verschränken seien, was aber sofort verworfen wurde. Einer der an der Debatte beteiligten Offiziere meinte nämlich, in einem US-amerikanischen Film gesehen zu haben, dass irgendwelche Uniformierte sich so postiert hätten. Das ging also nun gar nicht. Danach sagte ein anderer, man könne ja die Hände auch an die Hosennaht legen, was der VPKA-Chef ablehnte. Sie seien doch hier nicht auf dem Appellplatz oder bei der Parade, sagte er mit ziemlicher Entrüstung, sondern nähmen eine Wachfunktion wahr. Und wie wäre es mit verschränkten Armen vor der Brust? Geht auch nicht, lautete die Antwort, das ist ebenfalls eine Beherrscherpose. Schließlich entschied man sich für diese Friedhoftrauerhaltung, die Harmlosigkeit genug verströmte.

Der Vorgang machte zweierlei deutlich: Jedes noch so winzige Detail war bei der Polizeiarbeit wichtig und darum Chefsache. Und in hierarchischen Strukturen konnte man nichts dem Selbstlauf überlassen. Alles musste geregelt und festgelegt werden, selbst die Länge des Papiers, das man beim Toilettengang verbrauchte. Auf diese Weise ließ sich die Zahl der benötigten Papierrollen aufs Jahr planen.

Krause nickt dem Volkspolizisten zu. Der versteht, führt die Hand zur Schirmmütze und verabschiedet sich stumm aus dem Zimmer.

Der Hauptmann der K quetscht sich zwischen Wand und Schreibtisch vorbei und nimmt vor dem

vergitterten Fenster Platz. Er sitzt damit im Halb-
schatten und ist vom Gegenüber nur schwer zu
erkennen, während auf das Gesicht der vor dem
Schreibtisch Sitzenden das Tageslicht fällt. Man hätte
auch eine andere Sitzanordnung wählen können,
gewiss. Aber diese ist mit Bedacht gewählt.

»Tag«, sagt er und lässt absichtlich das Attribut
weg. »Gut« würde der für die Frau bestimmt nicht
werden. Sie ist klein, nicht eben zierlich, die Kleidung so ungepflegt wie sie selbst. Das schmale Gesicht wird von einem ausgefransten Pony gerahmt.
Das Auffälligste an dem nichtssagenden Gesicht sind
die knallrot geschminkten Lippen. Nuttig, denkt
Krause. Der Irrglaube solcher Frauen scheint darin
zu bestehen, sie könnten mit Betonung des Mundes
alles andere wettmachen. Das ist so, als schraubte
man einen Mercedes-Stern auf die Motorhaube eines
Trabant. »Mein Name ist Krause, Hauptmann der
Kriminalpolizei Krause. Sie wissen, warum ich Sie
habe vorladen lassen?«

»Hängt vielleicht mit Melanie zusammen.«

»So ist es.«

»Sie ist an plötzlichem Kindstod gestorben.«

Krause geht darauf nicht ein. Unbeeindruckt
klappt er den vor ihm liegenden Notizblock auf und
prüft einen der vor ihm liegenden Bleistifte. Sie sind
alle ordentlich angespitzt.

»Name, Geburtsdatum und Geburtsort?«

Die Frau, deren Alter um die 30 zu liegen scheint,
was aber, wie Krause nun hört, zu hoch gegriffen ist,
leiert die Daten ohne erkennbare Erregung herunter.

»Beruf?«

»Ohne.«

Krause blickt überrascht auf.

»Ich wurde bei der Lehre im VEB Volltuchwerke schwanger. Einer der Meister hatte mich damals flachgelegt. Kam zwar vor die Konfliktkommission, aber ich kriegte das Kind …«

Krause unterbricht sie, Details dieser Art interessieren ihn nicht. Noch nicht.

»Sie hätten nach der Babypause doch die Ausbildung fortsetzen können?« Krause schüttelt verständnislos den Kopf.

»Hat sich nicht ergeben. Ich habe dann in einer Bäckerei im Laden gearbeitet. Außerdem lernte ich in jener Zeit Wolfgang kennen und wurde schwanger.«

»Wie viele Kinder haben Sie, Frau Menge?«

»Drei. Mit Melanie, die nun tot ist, waren's vier.« Sie nickt wie zur Bekräftigung.

»Und Sie gehen derzeit keiner Arbeit nach, wenn ich das richtig verstanden habe?«

»Mit vier Kindern habe ich genug Arbeit und keine Kraft mehr, um in die Fabrik zu gehen.«

»Wovon haben Sie gelebt.«

»Wolfgang verdient, dann das staatliche Kindergeld und die Alimente von Adolf.«

»Dem Vater Ihres ersten Kindes.«

»Hm.«

»Ihr Mann arbeitet doch augenblicklich nicht.«

»Stimmt. Ist seit zwei Wochen krankgeschrieben.«

»Was hat er denn?«

»Och«, sagt sie und zieht das O wie Kaugummi. »Er hat's im Kreuz.«

»Nicht an der Leber?«

Krause trifft ein verständnisloser Blick aus ziemlich leeren Augen.

»Der Polizist, der gestern bei Ihnen war, berichtete, dass er betrunken gewesen sei.«

»Das war die Trauer. Wegen Melanie, nich.«

»Da muss er aber schon ziemlich lange getrauert haben. Die Wohnung soll übersät gewesen sein mit leeren Flaschen, heißt es in dem Bericht.«

Die Frau schweigt.

»Auch Sie waren nicht nüchtern.«

Luise Menge sagt nichts.

»Trinken Sie regelmäßig?«

Keine Reaktion.

»Soll ich Sie zum Arzt bringen lassen, der nachweist, wie oft und wie viel Sie trinken?«

Das kann der natürlich nicht. Aber gegen ein wenig Einschüchterung ist ja wohl nichts einzuwenden. Krause mustert ihr Gesicht. Er kennt den Trinkerteint, diese unreine, schwammige Haut, in der in tiefen Höhlen die Augäpfel schwimmen, welche von auffällig vielen Äderchen durchzogen sind. Die Frau säuft seit mehr als zehn Jahren, da ist er sich ziemlich sicher. Muss schon als Halbwüchsige damit angefangen haben. »Tranken Ihre Eltern?«

»Hatte keine Eltern. Nur eine Mutti.«

»Ist der Vater im Krieg geblieben.«

»Weiß ich nicht. Ich kenne ihn nicht. Meine Mutti hat als Magd auf dem Gut gearbeitet. Die ging mit jedem ins Heu. Sie war kein Kind von Traurigkeit und hat auch gern einen gezwitschert. Das habe ich wohl von ihr geerbt. Nur am Anfang habe ich ein paar Mal gekotzt.«

Krause wechselt das Thema. Ihm ist zumindest in dieser Hinsicht alles klar. Er notiert sich die Stichworte für das Protokoll, das er anschließend formulieren und von Luise Menge per Unterschrift quittieren lassen wird. Schreiben wird sie ja wohl können, denkt er mit reichlich Unmut im Bauch.

»Erzählen Sie mir doch mal, wie das mit dem plötzlichen Kindstod von Melanie war?« Dabei fasst Krause den »plötzlichen Kindstod« in zwei Pausen, die selbst Luise Menge bemerken müsste.

»Sie war ein liebes Kind«, beginnt die Mutter, wobei ihr dieser Satz derart rasch und ungerührt von der Lippe tropft, dass sein Charakter kaum zu verschleiern geht: Er ist nur dahingesagt. Und zu Krauses Ärger wiederholt sie ihn auch noch. »Wir hatten viel Freude an ihr.«

Krause hört zu, der Stift ruht bewegungslos in seiner Hand.

»Und auf einmal gab sie keinen Pieps mehr von sich. Ich hatte das Fläschchen warmgemacht und wollte sie füttern, da regte sie sich nicht mehr. Ich war völlig fertig. Haben Sie Kinder? Wissen Sie, wie das ist, wenn einem das Liebste genommen wird?«

»Sie sind sofort mit ihr zum Arzt gelaufen?« Krause tut so, als würde er ihrer Darstellung folgen und ihr glauben.

»Nein. Sie war doch tot.«

»Das haben Sie sofort gesehen?«

»Natürlich. Melanie hat nicht mehr geatmet. Sie war hinüber. Plötzlicher Kindstod eben, das kennt man ja.«

»Woher?«

»Das erzählen doch die Frauen. Kleine Kinder hören plötzlich auf zu atmen und wachen nicht mehr auf.«

»Sie waren also der Überzeugung, dass Ihre Tochter verstorben sei, und darum gingen Sie nicht zum Arzt?« Kopfschüttelnd notiert Krause diese Aussage. »Was haben Sie gemacht?«

»Was man mit Toten eben so macht.«

»Keine Ahnung. Sagen Sie es mir.«

»Na was wohl. Man bringt sie zum Friedhof.«

Krause blickt irritiert auf. »Habe ich Sie richtig verstanden: Sie sind mit Melanie zum Friedhof?«

»Natürlich. Ich habe mich ordentlich bei der Friedhofsverwaltung gemeldet und gesagt, dass ich meine Tochter beerdigen will.« Ihr Blick verrät, dass Luise Menge stolz darauf ist, so selbstbewusst und couragiert gehandelt zu haben.

»Wie haben die dort reagiert?«

»Sie haben gesagt, dass das nicht so einfach geht. Sie brauchen erst einen Totenschein. Ohne einen amtlichen Totenschein vom Kinderarzt geht das nicht. Wenn ich einen Totenschein habe, darf ich auch das Kind beerdigen.«

»Das war alles. Die haben sie weggeschickt?«

Krause notiert auf den Rand des Blattes: Friedhofsverwaltung nachfragen. Dahinter setzt er drei

Ausrufezeichen. Und fügt nach einem Moment des Innenhaltens an: Überprüfen, ob von dort eine Nachricht ans VPKA ging. Wieder drei Ausrufezeichen. Er kann sich nicht vorstellen, dass sie die Frau mit ihrem toten Kind einfach so nach Hause geschickt haben.

»Und dann sind Sie mit dem Kind zum Arzt. Wegen des Totenscheins.« Krause blickt ihr streng ins Gesicht. Was ist das nur für eine Frau?

Die lässt sich jedoch nicht irritieren. »Nein, ich habe den Doktor gleich aus der Telefonzelle vor dem Friedhof angerufen und gesagt, dass ich meine Tochter nicht beerdigen kann, weil ich keinen Totenschein habe. Er muss mir so ein Formular ausfüllen.«

»Was hat er gesagt?«

»Dass es so nicht geht. Ich soll mit dem Kind zu ihm kommen. Er muss es erst untersuchen. Da habe ich gesagt, dass ist nicht nötig, Melanie ist tot. Er muss nur noch diesen verdammten Schein ausfüllen und seinen Stempel draufmachen und gut ist.«

»Wie hat der Doktor darauf reagiert?«

»Er hat sich Name und Adresse von mir geben lassen und gesagt, er füllt das Ding aus. Ich kann es in einer Stunde bei ihm in der Praxis abholen. Ich bin dann mit Melanie nach Hause, habe dort gewartet, bis die Stunde rum ist. Doch als ich gerade loswollte, kam die Polizei und hat mir Melanie weggenommen.«

»Sie sollen nicht ganz nüchtern gewesen sein.«

Ph. Sie macht eine wegwerfenden Handbewegung. Die paar Schnäpse … Sie sei so traurig gewesen wegen Melanie. Da habe sie den Schmerz einfach betäuben müssen. »Sie haben ja keine Ahnung, wie es in mir brannte.«

Hans Krause hat in diesem Zimmer schon vieles hören und ertragen müssen. Aber derart geballte Blödheit und Unverfrorenheit selten. Er könnte schreien. Doch der Hauptmann hat sich im Griff und fragt weiter, als berührte ihn das alles nicht.

»Frau Menge, wie ist Ihr Familienleben?«

»Gut.« Sie grinst ihn an.

»Können Sie das ein wenig beschreiben? Waren die Kinder immer gesund, ist Ihr Mann lieb zu Ihnen, oder hat er Sie und die Kinder geschlagen? Haben sie gemeinsam etwas unternommen? Waren sie zusammen im Tierpark oder sind sie manchmal verreist, haben Urlaub gemacht?«

»Ja.«

»Was: ja?«

»Na alles.«

»Er hat Sie also verprügelt?«

»Das habe ich nicht gesagt.«

»Ich habe Sie gefragt. Und Sie haben mir mit Ja geantwortet.«

»Mein Mann verprügelt mich nicht.«

»Er liebt Sie?«

»Ich denke schon.«

»Sagt er Ihnen das? Oder wie zeigt er es Ihnen? Hilft er im Haushalt? Sind Sie unglücklich, wenn Sie trinken?«

»Wenn ich trinken kann, bin ich glücklich.« Dann, als wäre ihr ein Gedankenblitz durchs Hirn geschossen, sagt sie völlig abrupt: »Wie lange dauert der Quatsch hier? Ich will nach Hause. Mein Kind ist tot. Ich muss mich um die Beisetzung kümmern.«

Krause überspielt seine Verwunderung. Ist das unverschämt oder nur Indiz für die nicht sonderlich große Intelligenz der Frau? Er beugt sich nach vorn, damit verschwindet sein Gesicht endgültig im Schatten. »Falls Sie noch nicht bemerkt haben sollten, wo wir sind: Sie befinden sich bei der Polizei, und zwar in jenem Kommissariat, das auch Mord und Totschlag untersucht.«

Der Frau verschlägt es erstmals die Sprache. Nach einer Weile reagiert sie mit Trotz. »Was habe ich mit Mord und Totschlag zu schaffen?«

»Ist Melanie tot oder nicht?«

»Die ist an plötzlichem Kindstod gestorben.«

»Ja, das sagen Sie. Der Arzt ist da anderer Auffassung. Und wir teilen seine Skepsis.« Er holt merklich Luft, dass der Bauch sich erkennbar unter der Krawatte hebt und senkt. »Und das, was Sie Quatsch nennen, dient der Wahrheitsfindung. Wir wollen herausfinden, ob Sie lügen oder eben nicht.«

»Meine Kinder …«

»Um die kümmert sich das Jugendamt. Da brauchen Sie sich keine Sorgen zu machen.« Er wollte den Satz noch verlängern: Sie haben es doch sonst auch nicht getan. Doch diese Bemerkung verkneift er sich. Es steht ihm nicht zu, während einer Vernehmung moralische Urteile zu treffen. »Ich denke, wir machen jetzt erst einmal Schluss.« Krause drückt den Klingelknopf unter seiner Schreibtischplatte.

»Ich kann jetzt nach Hause?«

»Nein, das können Sie nicht. Der Genosse wird Sie in einen Verwahrraum bringen, dort werden Sie bleiben, bis wir unser Gespräch fortsetzen. Abführen«, sagt er zu dem Uniformierten, der den Raum auf sein Zeichen betreten hatte.

»Das dürfen Sie nicht.«

»Doch, das darf ich. Sie stehen unter dem dringenden Tatverdacht, den Tod ihrer Tochter herbeigeführt zu haben. Ob mit Vorsatz oder unwissentlich – das versuchen wir herauszubekommen. Auf Wiedersehen, Frau Menge.«

Krause wendet sich seinen Notizen zu.

Unterdessen ist Jürgen Raschke in der Kunnerwitzer Straße jenseits der Bahnlinie unterwegs. Die Straße knickt vorm Sechsstädteplatz und stößt auf die Biesnitzer Straße. Parallel zu ihr läuft die Melanchthonstraße. Der Unterleutnant beginnt seine Befragung im Gebäude, in dem die Familie Menge im Hochparterre wohnt. Oder soll er sagen: haust? Er kennt die Wohnung nicht, wohl aber den Bericht von Nolte, der vorhin den Zustand der Räumlichkeiten ausführlich beschrieben hat.

Raschke hatte, bevor er sich auf den Weg machte, ein paar Worte mit dem zuständigen Abschnittsbevollmächtigten gewechselt. Der ABV hatte sein Büro in den Räumen des Reviers. Das Revier befand sich im VPKA auf der Etage mit dem ZKS. An die Kürzel hatte sich Raschke längst gewöhnt, und das Bedürfnis zur Sprachverkürzung teilte er. Die ellenlangen

Wortverknüpfungen, zumeist Genitivketten, deren Ursprung unschwer im Russischen wurzelte, wurden aus sprachökonomischen Gründen auf wenige Buchstaben eingedampft. Allerdings waren davon politische Funktionen zumindest im offiziellen Sprachgebrauch ausgenommen: Man sprach stets vom Ersten Sekretär des Zentralkomitees der Sozialistischen Einheitspartei Deutschlands und Vorsitzenden des Staatsrates der Deutschen Demokratischen Republik. Nur wenn man unter sich war, nannte man ihn kurz WU, was für seinen Namen stand: Walter Ulbricht.

Der Abschnittsbevollmächtige konnte Raschke nur wenig sagen, weil die Menges erst kurze Zeit in seinem Zuständigkeitsbereich lebten. Sie seien unlängst zugezogen, aus der Siedlung am Stadtrand unterhalb der Landeskrone. Und zwar hätten sie das von ihnen bewohnte Häuschen mit der Wohnung von Fleischer Kurowski getauscht. Kurowskis hatten Geschäft und Wohnung in der Kunnerwitzer Straße, wollten aber aus der Stadt ins Grüne. Den Laden führten sie aber noch. Der Tausch liege ungefähr ein Vierteljahr zurück, sagte der ABV. Raschke hatte daraufhin beschlossen, die Fleischerei aufzusuchen.

Die Klingel an der Tür schellt, als er den Laden betritt. Hinter dem Tisch steht eine dralle Frau mittleren Alters mit weißer Schürze und blauweiß gestreifter Bluse. Aus dem Haar wächst ein gestärktes Spitzenhäubchen. Die Verkäuferin wirkt so appetitlich wie die hinter Glas aufgereihte Wurst und die rosaroten Fleischstücken, leuchtend gesund und frisch. Sie schaute nur kurz auf, als es klingelte, und schneidet weiter an der Zervelatwurst, nach der die Frau vor ihr gefragt hat. Es sind nur wenige Kunden im Laden, Raschke wartet, bis auch der letzte bedient worden und gegangen ist. An der Wand, im Glasrahmen, hängt der Meisterbrief der Fleischerinnung. Das ist ein ordentlich geführter Handwerksbetrieb.

»Sie wünschen?«, erkundigt sich die Verkäuferin und lächelt ihn an. Die Frau fühlt sich erkennbar wohl in ihrer Haut, die Freundlichkeit kommt von innen und ist nicht aufgesetzt. Sie muss auch nicht um Absatz buhlen. Fleischereien laufen gut, die Leute verdienen besser und kriegen auch was für ihr Geld, zudem kann man jetzt überall Fleisch und Butter kaufen. Bis vor wenigen Jahren noch durfte man nur in jenen Läden von Konsum und HO einkaufen, in denen man auch als Kunde namentlich registriert war. Die Verkäuferinnen führten Buch

Tatort Kunnerwitzer Straße, das Wohnhaus heute. Rechts der Laden, in der einst die Fleischerei der Kurowskis war

und strichen nach dem Einkauf ab. Das war die Phase zwischen Rationierung und Freigabe. Jetzt konnte man Lebensmittel einkaufen, wo man wollte.

Raschke wünschte nichts außer einer Auskunft. Er stellt sich vor, zeigt den Dienstausweis. »Frau Kurowski, nehme ich an?«

Sie nickt, die Freundlichkeit verharrt in ihrem Gesicht. Sie ist mit sich im Reinen.

»Es geht um die Menges. Sie haben mit ihnen die Wohnung getauscht.«

Sie nickt erneut.

Raschke sagt, ohne Details zu verraten, dass es da Probleme mit den Kindern gäbe, sie hätten Hinweise auf Vernachlässigung der Aufsichtspflicht erhalten, wie es in der Behördensprache heiße.

»Kurt, kannst du mal bitte kommen«, ruft sie unvermittelt nach hinten in die Produktionsräume. »Hier ist ein Mann von der Kriminalpolizei, der erkundigt sich nach den Menges.«

Im weiß gekachelten Türrahmen erscheint der Fleischer mit Mütze und blutbespritzter weißer Kunststoffschürze. Er reibt sich die Hand an der Hose trocken und reicht sie über den Verkaufstisch. »Tach«, sagt er, »Kurowski«.

»Raschke, Unterleutnant der K.«

»Um was geht's?«

So und so.

Der Fleischer, gelegentlich von seiner Frau unterbrochen, berichtet, dass sie eine Anzeige aufgegeben hatten: Suchen Haus im Grünen – bieten Stadtwohnung. Unter den wenigen Angeboten wäre auch das der Menges gewesen, was ihnen deshalb interessant erschien, weil das Anwesen nicht allzu weit weg war, denn sie wollten das Geschäft hier weiterführen, schließlich lebten sie davon und hatten keine Lust, irgendwo auf dem Land eine neue Fleischerei zu eröffnen. Auf den Dörfern gab es überall alteingesessene Geschäfte mit Stammkundschaft, da wollten sie – in ihrem Alter! – nicht in den Konkurrenzkampf ziehen. Zum anderen war das Haus zur Miete. Sie wollten sich, weil kinderlos, nicht unbedingt mit einer Immobilie belasten. Das habe also alles gepasst.

Das einzige, was sie gestört habe, war der Zustand des Hauses. Das war verlottert wie das ganze Anwesen. Der Garten eine Müllkippe, die Räume völlig verwohnt. Dennoch hatten sie sich entschlossen es zu nehmen. Da es ein Tausch war, bezogen sie zwischenzeitlich ein Notquartier bei Bekannten.

»Ich habe gesagt: So lange die Bruchbude nicht auf Vordermann gebracht ist, ziehe ich dort nicht ein.«

»Ist ja gut, Trude. Nun ist ja alles gemacht.« Und an den Kriminalisten gewandt: »Als die Menges raus und in unsere Wohnung gezogen sind, habe ich sofort eine Räumkolonne gechartert. Die sollten alles abfahren, was dort herumlag, draußen wie drinnen. Das waren sechs Treckerfuhren, sage ich Ihnen, die die auf die Kippe gefahren haben. Sechs! Und dann kamen die Handwerker: Elektriker, Klempner, Ofensetzer, zum Schluss die Maler …«

Handwerker? Davon träumt Raschke nur. Aber er ahnt: Als Fleischer hat man solche Probleme nicht.

Da hat man genügend Äquivalente einzusetzen, man kann was bieten. Man kennt sich, man hilft sich.

Der Unterleutnant nickt verständnisvoll. »Mich interessieren vor allem die Kinder. Ist Ihnen da etwas Besonderes aufgefallen? Oder waren keine da, weil sie im Kindergarten oder in der Krippe waren?«

»Nee, nee«, mischt sich jetzt wieder Trude Kurowski ein. »Die waren alle da. So schmutzig und ungepflegt wie die waren, hätte sie keine Kindereinrichtung aufgenommen. Das fand ich schlimm. Noch schlimmer schien das Würmchen dran zu sein.«

Der Fleischer nickt, er weiß, was jetzt folgt. Offensichtlich haben sich die beiden wiederholt darüber ausgetauscht. Sie muss sich nachhaltig eingeprägt haben.

»Als wir zum ersten Mal draußen waren, regnete es wie aus Gießkannen. Vor dem Haus stand ein Kinderwagen. Ich dachte erst, der sei leer. Doch als ich hineinschaute, lag dort ein Säugling unter einer klatschnassen Decke. Wie kann man nur sein Kind bei einem solchen Mistwetter draußen stehen lassen! Wir klopften an die Tür. Ich sagte, als die Frau öffnete, dass sie wohl den Wagen vergessen habe, sie solle schnellstens ihr Kind hereinholen. Doch Frau Menge – die mir im Übrigen nicht ganz nüchtern zu sein schien – hat nur gelacht und gemeint, so doll würde es schon nicht regnen, außerdem schütze die Plane ihre Melanie.«

Die Frau atmet schwer, wie man unschwer an ihrem wogenden Busen erkennen kann. Die Empörung wirkt erkennbar nach.

»Wir hielten das erst für eine Nachlässigkeit. Doch als wir die anderen drei Kinder sahen, wussten wir sofort Bescheid.« Fleischermeister Kurowski verzieht das Gesicht. »Ziemlich asozial alles. Zu Hause haben wir noch lange gestritten, meine Frau wollte partout nichts mit denen zu tun haben. Die lasse ich nicht in unsere Wohnung, die nicht, hat sie gesagt. Ich habe ihr versucht klarzumachen, dass ›unsere Wohnung‹ nicht unsere, sondern die Wohnung der KWV sei. Und der Kommunalen Wohnungsverwaltung sei es wurscht, wer bei ihnen zur Miete wohne. Hauptsache, die Miete wird gezahlt. Wobei«, Kurowski hält kurzzeitig inne, »auch wenn nicht gezahlt wird, kann man wohnen bleiben. In der DDR wird auch der größe Mietschuldner nicht exmittiert.«

Trude Kurowski verzieht indigniert das Gesicht. »Trotzdem ... Jedenfalls habe ich nach unserem Auszug aus unserer Wohnung hier nie wieder einen Fuß in das Haus gesetzt. Ich fürchte mich vor dem Anblick.«

Raschke interessiert sich nicht unbedingt für die Seelenlage der Zeugin, wobei natürlich ihre Aussagen durchaus einen gewissen Wert besitzen. Er will es aber genauer wissen und hakt darum nach. »Wenn Sie – und da würde mich Ihrer beider Meinung interessieren – den Umgang von Mutter und Vater Menge mit ihren Kindern charakterisieren sollten: Was würden Sie sagen?«

Die beiden sehen sich an.

»Muss das sein?« Der Fleischer sagt, er halte sich mit Urteilen über andere Menschen zurück. Als Geschäftsmann redet man nicht schlecht über seine Kunden.

»Daraus schließe ich«, entgegnet Raschke, »dass Ihre Meinung über die Menges nicht eben freundlich ausfällt. Sonst müssten Sie damit nicht hinterm Berg halten.«

Trude Kurowski teilt offenbar nicht die Auffassung ihres Mannes. »Was heißt Kunde? Wie oft waren die bei uns im Laden?«

»Naja, aber das spricht sich doch rum, wenn wir Leute denunzieren.«

»Lieber Herr Kurowski, ich hatte Sie nicht um eine Denunziation gebeten. Ich will nur wissen, wie sich die Eltern Menge gegenüber ihren Kindern verhielten, und speziell zu ihrer jüngsten Tochter. Die ist nämlich tot.«

»Siehst du. Ich habe mir nämlich schon so etwas gedacht«, sagt die Frau in Richtung ihres Mannes, und ihre Stimme vibriert dabei in einer Mischung aus Triumph und Genugtuung. »Warum sonst sollte die Kriminalpolizei danach fragen?« Und nach einer Überlegungspause sagt sie: »Die Frau ist nicht nur überfordert mit vier Kindern, sie ist auch faul wie ihr Mann. Und außerdem trinken beide. Um ihre Kinder kümmern sie sich einen Dreck.«

»Woher willst du das wissen? Wir haben sie ein paar Mal draußen in der Kolonie gesehen, und hier nur auf der Straße.«

»Ich höre aber, was die Leute reden. Das kriegst du dahinten gar nicht mit. Nun weiß ich selbst, dass man den Tratsch im Laden nicht für bare Münze nehmen darf. Die Weiber zerreißen sich das Maul über jeden und alles und füllen damit den Tag. Aber ich habe noch niemals ein einziges gutes Wort über die Familie Menge gehört. Allenfalls Mitleid für die armen kleinen Kinder, die unter diesen Eltern leiden müssen. Erst neulich wieder hat die Frau Mälzer gesagt, dass man mal das Jugendamt informieren müsste.«

Raschke zückt den Kugelschreiber. »Wo wohnt diese Frau Mälzer?«

»Die Straße runter, in der Nummer 16. Das ist das Eckgebäude zur Biesnitzer Straße.«

»Und, was reden die Leute so?«

»Ach, fragen Sie sie doch selber«, sagt der Fleischer, und das hat etwas Finales. Er will nicht, dass sich seine Frau, wie er meint, um Kopf und Kragen redet. »Wir haben gesagt, was wir wissen. Mehr gibt es über die Menges nicht zu sagen. Guten Tag, Herr Raschke.«

Der Unterleutnant verstaut sein Notizbuch und steckt den Kuli in die Innentasche seines Jacketts. »Sie haben mir sehr geholfen«, sagt er, was keine Floskel ist. Er hat wichtige Hinweise erhalten und eine weitere Zeugin. Er verabschiedet sich mit Handschlag.

Frau Mälzer ist jenseits der 70 und trägt einen Dutt. Sie wirkt ein wenig antiquiert, die Wohnung ist es auch. Bürgerlich-gediegen, und auf der Anrichte steht das Foto eines Mannes in Wehrmachtuniform. Der Unteroffizier zeigt lachend die Zähne, im Mundwinkel klemmt das zerbissene Mundstück einer Pfeife. Die linke obere Ecke des Bildes wird von einem schwarzen Stoffband bedeckt. »Mein Mann«, sagt Frau Mälzer, als sie den Blick von Raschke bemerkt. »Er ist im Kessel von Stalingrad gefallen. Ende des Jahres ist das 25 Jahre her …«

»Sie haben nicht wieder geheiratet?«

»Nein, dafür hatte ich nach dem Krieg keine Zeit mehr«, sagt sie kurz, womit sie zu verstehen gibt, dass sie das Thema nicht weiter zu erörtern wünscht. Deshalb ist Raschke auch nicht gekommen.

»Wir ermitteln in einer Angelegenheit, bei der nicht klar ist, ob es sich um einen tragischen Unglücksfall handelt oder um …«

Raschke sucht nach einem passenden Begriff, der den Sachverhalt zweckdienlich verschleiert. Aber es fällt ihm keiner ein. Deshalb sagt er, dass er von ihr etwas über die Familie Menge erfahren möchte.

»Wieso ausgerechnet von mir?«

»Ich habe bereits mit einigen Menschen in der Straße gesprochen« – was nicht gelogen ist, Kurowskis waren zwei, also Plural –, »und einige sagten, Sie hätten das Jugendamt anrufen wollen. Warum?«

Und Raschke fügte noch an: »Haben Sie?«

Die alte Dame mit dem Dutt schaut ihn überrascht an. Über ihr blasses Gesicht huscht ein Anflug von Röte, als schämte sie sich dessen. »Das war doch nicht zum Ansehen«, sagt sie entschlossen, »da musste man doch etwas tun. Die drei Kinder strafte sie mit Gleichgültigkeit, das vierte wollte sie loswerden.«

»Ich habe dergleichen nicht gesagt.«

»Wieso? Ist es nicht tot?« Frau Melzer blickt überrascht zu ihm auf. Dann bestimmt sie: »Setzen Sie sich hin. Ich mache Kaffee.«

»O, das ist sehr nett, aber ich habe …«

»Keine Widerrede, junger Mann, so viel Zeit muss sein.«

Sie verschwindet. Er hört den leichten Knall beim Entzünden der Gasflamme und wie das Wasser in einen Kessel rauscht. »Türkisch oder gesiebt?«, kommt es aus der Küche.

»Mir egal.«

»Dann brühe ich in der Tasse.«

Wenig später setzt sich Frau Mälzer zu Raschke an den Wohnzimmertisch. Das Wasser koche auch ohne sie. So lange könne man reden, meint sie.

»Das war doch keine Familie. Das war asoziales Pack …«

Ts, ts, ts, macht Raschke und wiegt bedenklich den Kopf. »Frau Mälzer, Frau Mälzer, so redet man doch nicht über seine Nachbarn.«

»Über Abfall kann man nur abfällig reden …«

»Unter Adolf dem Verbrannten hätte es so etwas nicht gegeben, ich weiß.« Raschke bekommt langsam einen dicken Hals.

»Nichts wissen Sie!«

Hätte nur noch gefehlt: »Setzen, 5.«

»Waren Sie Lehrerin?«

»War ich. Und keine Nazi-Witwe, wie Sie vielleicht annehmen. Wissen Sie, die Sozialisten – ich nehme an, Sie sind einer? – glauben an die Veränderbarkeit der Welt und dass der Mensch erziehbar sei.

Nichts dagegen zu sagen: An irgendetwas muss man ja glauben, sonst geht man in dieser bekloppten Welt zugrunde. Ja, auch ich war und bin davon überzeugt, dass der Mensch erzogen werden muss, um anständig durchs Leben zu kommen. Sonst wäre ich nicht Pädagogin geworden. Ich weiß aber auch, dass nicht nur unsere Mittel und Fähigkeiten begrenzt sind. Die Wirkung ist es ebenfalls. Die Menschen sind nun mal verschieden. Man kann Hunderte mit den gleichen Methoden für den 1.000-Meter-Lauf trainieren. Und am Ende siegt einer mit Abstand und hat dabei noch welche überrundet.«

»Das Leben ist kein Tausendmeter-Lauf«, sagt Raschke.

»Richtig. Es ist sogar länger als der Weg von Marathon nach Sparta. Ich habe es auch nur als Beispiel gebraucht, um zu zeigen, warum bei manchen jedes Training vergebens ist. Sie können und sie wollen auch nicht ... laufen. Ihnen fehlen Anlage und Wille. Die kann auch nicht der Sozialismus schaffen. Der Mensch ist wie er ist.«

In der Küche pfeift der Kessel.

»Sie wollen damit sagen, dass es manchmal vergebliche Liebesmüh ist?«

»So meine ich das nicht«, sagt die Frau und erhebt sich. »Um jeden muss man sich mühen, keinen darf man links liegen lassen. Aber wir müssen uns endlich zu der Einsicht durchringen, dass wir nicht jeden zu einem sozialistischen ›Hochleistungssportler‹ erziehen können. Es wird trotz aller Fürsorge, trotz Um- und Nachsicht immer Menschen geben, die nicht mitkommen wollen und sich auch nicht mitnehmen lassen. Sie fallen von der Masse ab, sind in diesem Sinne ›Abfall‹. Verstehen Sie?« Dann huscht sie in die Küche.

Auf solche philosophischen Höhen wollte sich Raschke eigentlich nicht schwingen.

Nach einer Weile erscheint sie mit einem Tablett, darauf zwei Tassen und ein Teller mit Keksen.

»Aber Sie wollten von mir ja wissen, ob und warum ich das Jugendamt angerufen habe. Das kann ich Ihnen sagen, der Kaffee ist ja nun gekocht und Sie können mir nicht mehr entwischen. Ich will auch meine Zerstreuung haben, denn einen Wellensittich besitze ich nicht.« Sie lacht herzhaft und zeigt dabei ihre Zähne.

»Ich habe wiederholt gesehen, dass sie selbst bei schlechtestem Wetter und auch bei Frost den Wagen mit dem Kind auf den Balkon stellte.« Sie hebt sofort die Hände. »Ja, ich weiß, auch bei niedrigen Temperaturen kann man Säuglinge an die frische Luft stellen, ich habe selbst zwei Kinder großgezogen. Allerdings muss man das Kind entsprechend einpacken.«

»Woher wollen Sie wissen, dass dies bei Melanie Menge nicht der Fall war?«

»Wenn man bei Frost sein Kind ins Freie stellt, wölbt sich das Kissen über den Wagen, und obendrauf kommt noch eine Decke. Davon habe ich nie etwas gesehen. Und obendrein schrie sich das Kind die Stimme aus dem Leib, bis es kraftlos verstummte. Und wenn das mit einer steten Regelmäßigkeit geschieht, dann weiß man, dass dieses

Kind nicht geliebt wird. Die Schlüsse müssen Sie ziehen.«

»Ziehe ich. Das sind schwere Anschuldigungen, die Sie erheben.«

»Das haben sie mir auch gesagt, als ich im Jugendamt anrief. Mehr nicht. Ich weiß nicht, ob sie jemanden vorbeigeschickt haben. Vermutlich nicht. Sonst wäre was geschehen.«

»Was denn?«

»Zum Beispiel, dass man den Menges die Kinder weggenommen hätte.«

»Ein Heim, und sei es noch so gut, kann niemals die Familie ersetzen.«

»Das weiß ich auch. Aber ist das eine Familie, wenn die Eltern trinken und sich nicht um ihre Kinder kümmern?« Die Frau schüttelt den Kopf, der graue Dutt wackelt heftig hin und her.

Raschke nippt an der Tasse und pult sich anschließend die Krümmel von der Lippe.

»Sie müssen noch warten, bis sich der Kaffee gesetzt hat«, sagt die Ex-Lehrerin und rührt mit dem Löffel an der Oberfläche in ihrer eigenen Tasse. Dann schaut sie eine Weile zu und trinkt schließlich.

»Und, wollen Sie mir nun sagen, was mit der Kleinen geschehen ist?«

»Tut mir leid, die Ermittlungen laufen noch. Selbst wenn ich wollte, könnte ich es nicht sagen, weil ich es nicht weiß. Es stimmt aber: Das Kind lebt nicht mehr. Die Ursachen ermitteln die Gerichtsmediziner, wir Kriminalisten suchen mögliche Motive, ermitteln die Umstände. Sie sagen: Frau Menge wollte dieses Kind nicht, sie wollte es loswerden. Und der Mann?«

»Sie sind doch der Kriminalist.« Die Frau nimmt erneut einen Schluck. »Dem Mann war dieses Kind entweder gleichgültig oder er hat den Wunsch der Mutter geteilt. Das nennt man wohl Beihilfe zu einer Tat oder Unterlassung von Hilfe, was aufs selbe hinausläuft. Hab ich Recht?«

»Wir wissen noch nicht, ob es sich überhaupt um eine Straftat handelt.«

»Ist das keine Straftat, wenn man seine Kinder verwahrlosen lässt und damit vermutlich ihr ganzes Leben ruiniert, weil sie von dieser Lieblosigkeit, die sie erfuhren, nachhaltig geprägt werden?«

»Nicht im juristischen Sinne. Lieblosigkeit ist nicht justitiabel.«

»Ja, die Polizei tritt erst auf den Plan, wenn das Kind in den Brunnen gefallen ist.«

»Oder tot ist. Da haben Sie Recht.« Nach einer Pause sagt er schließlich: »Ich danke für das anregende Gespräch, Frau Mälzer. Und natürlich für den Kaffee.« Raschke erhebt sich.

Draußen vor der Tür pustet er die letzten Krümel von der Lippe ins Treppenhaus.

Unterdessen sitzt Krause erneut im Vernehmerzimmer. Nach der Mittagspause hat er sich auf das Gespräch mit Lothar Menge vorbereitet. Zwischenzeitlich ist auch die Meldung von den Gerichtsmedizinern aus Dresden telefonisch eingegangen, der schriftlich ausgefertigte ausführliche Bericht soll wie immer nachfolgen, hatte es geheißen. Der Befund ist eindeutig: Das Kind ist definitiv verhungert.

Lothar Menge ist kein Riese von Wuchs und auch kein Geistesriese, wie Krause schon nach wenigen Sätzen spürt. Diese kommen unvollständig und mit unsicherer Stimme. Es sind nicht nur die Umgebung und die Umstände, die Menge kleinlaut machen, wie der Hauptmann erkennt: Es liegt an der Persönlichkeit des Mannes.

Deshalb stellt der Hauptmann zunächst Fragen zur Biografie. Erstens ist das harmlos, zweitens schafft es Vertrauen, drittens erfährt er dadurch manches, was möglicherweise mit der Tat in Verbindung steht. Unser heutiges Tun steht immer mit unserer Vergangenheit in Verbindung. Ob uns das nun bewusst oder gar sympathisch ist oder nicht. Das geht bis hin zu Äußerlichkeiten. Schaut Krause morgens in den Spiegel, stellt er erschreckt fest, dass er seinem verstorbenen Vater immer ähnlicher wird. Er wollte nie so werden wie dieser. Und dabei hat er so vieles von ihm mitbekommen. Mehr, als ihm lieb ist.

»Wann und wo sind Sie geboren?«, beginnt Krause und zückt den angespitzten Bleistift.

Lothar Menge überlegt.

Was gibt es da zu überlegen, denkt Krause. Das weiß man doch im Schlaf. Er lässt dem Mann aber Zeit und wartet geduldig.

»1934. In der Stadtrandsiedlung.«

Aha, die Eltern haben wie viele andere kinderreiche Görlitzer Familien kostengünstig Bauland und Unterstützung bekommen. Das wollten die Nazis so, um sich eine soziale Basis zu schaffen, denkt Krause, der die Entstehungsgeschichte der Gartenkolonie mit den vielen kleinen Häusern kennt.

»Ihr Vater war demnach Handwerker?«

»Ja, Klempner.«

»Und Sie hatten Geschwister?«

»Eine große Schwester und einen Bruder.«

»Sie waren der Jüngste?«

»Ja.«

»Und, waren Sie ein guter Schüler?«

Menge stutzt, überlegt. »Glaube nicht.«

»Sind Sie mal sitzengeblieben?«

»Weiß ich nicht.«

»Wann sind Sie von der Schule abgegangen?«

»Wie alle. Nach der 8. Klasse.«

»Und dann haben Sie eine Lehre begonnen?«

»Ja. Vater kam schon kurz nach dem Krieg aus Gefangenschaft und hat mich bei einem Malermeister untergebracht. Der war sein Freund.« Wie zur Bekräftigung nickt er.

»Die Arbeit hat Ihnen gefallen?«

»Ja, die hat Spaß gemacht. Es gab viele Kriegerwitwen, die sich die Wohnungen haben streichen lassen. Und es gab immer was zu essen. Leider starb der Meister. Dann war Schluss.«

»Warum? Sie hätten doch den Betrieb übernehmen können.«

»Das hat die Meisterin auch gewollt. Ich aber nicht. Die ganze Rechnerei und Buchhaltung und dieser Kram – das liegt mir alles nicht. Malern ja, aber mehr nicht. Ich habe gekündigt und bin zum

Waggonbau.« Er stockt und scheint selbst überrascht, dass er drei Sätze am Stück herausgebracht hat. »Das war nichts auf Dauer. Schichtbetrieb. Und ständig hatte man den Brigadier vor der Nase: Mach dieses, mach jenes, bis um 3 muss das und das geschafft sein … Nee, das war nicht mein Ding.«

»Warum nicht?«

»Als Maler war das was anderes. Da habe ich mir die Arbeit eingeteilt, wie ich es wollte. Kam ich später, machte ich länger. Da hat niemand auf die Uhr geschaut. Hauptsache, die Bude war gestrichen. Im Waggonbau haben sie sich eingekackt, wenn ich mal zu spät oder überhaupt nicht kam, weil ich einen dicken Kopp hatte.«

»Vom Saufen.«

»Ich war damals mit Wolle befreundet. Mit dem bin ich manchmal bis zum Schankschluss durch die Kneipen gezogen. Der ging am nächsten Tag trotzdem zur Arbeit. Schön blöd, wa?« Menge hebt zum ersten Mal den Blick und schaut zu Krause hinüber.

Der schweigt und hört gelassen zu.

»Ständig gab es Ärger auf Arbeit. Da sagte ich zu Wolle: Ich halte das nicht mehr aus, ich haue ab. In den Westen.«

»Nach Westberlin. Da war ja noch die Grenze offen.«

»Genau.«

»Und warum sind Sie nicht abgehauen?«

»Wolle hat gesagt, ich sei bescheuert. Im Westen würde man nicht auf mich warten. Ich wohne bei den Eltern in einem schönen Haus, was ich bestimmt mal erben werde. Das wäre alles futsch, wenn ich in den Westen gehe. Außerdem weiß ich nicht, was dort auf mich zukommt. Drüben muss ich auch arbeiten. Vielleicht noch härter als hier. Sagte Wolle.«

»Da sind Sie geblieben.«

»Ja.«

»Waren Sie jemals drüben? In Westberlin oder in Westdeutschland, als es noch ging?

»Nee, nie. Keine Zeit.«

»Verwandte?«

»Im Westen? Nein. Meine Schwester hat nach Magdeburg geheiratet, hat einen kleinen Bauernhof in der Altmark. Mein Bruder lebt in Dresden. Sonst gibt es keinen.«

»Und. Haben Sie Haus und Garten geerbt?«

»Ja. Die Mutter starb, als ich 25 war. In der Zeit habe ich Luise kennengelernt. Die brachte ich mit nach Hause. Vater hat nichts gesagt, der war froh, dass er sein Essen kriegte und ihm jemand die Wäsche wusch. Er hat's auch nicht mehr lange gemacht. Starb bald. Da war Luise das erste Mal schwanger.«

Krause notiert die Stichworte säuberlich in seinen Block. Und registriert befriedigt, dass Menge fließend plaudert, ohne dass er ihm jedes Wort mühsam aus der Nase ziehen muss.

»Wo haben Sie Luise kennengelernt?«

»In einer Kneipe, glaube ich. Sie war bildschön. Arbeitete in einem Bäckerladen. War drei Jahre jünger als ich. Wolle war sauer. Du bist doch nur neidisch, habe ich gesagt.«

»Warum war ihr Freund sauer?«

»Er sagte, die macht mit jedem rum, ich soll mir nichts darauf einbilden. Die will sich nur ins gemachte Nest setzen. Die anderen haben nur einen Schwanz, du hast noch ein Haus dazu. Sagte er. Na und, sagte ich, ich brauche eine Frau, die mir's und das Haus und den Garten besorgt.«

»Das war's dann mit Ihrer Freundschaft.«

»Ich hab ihm eine aufs Maul gegeben und bin gegangen, ja.«

»Was ist Luise für eine Frau? Ich meine: Woher kam sie? Haben Sie sich darüber unterhalten?«

»Selten. Sie stammt aus einem Dorf in Niederschlesien. Die Mutter hat auf einem großen Gut als Magd gearbeitet. Hat drei Kinder von drei verschiedenen Vätern. Auch Luise kennt ihren Vater nicht. Was weiß ich, von welchem Schnitter du bist, der mich abends auf dem Kornfeld flachgelegt hat. Hat die Mutter gesagt, als sie diese mal danach fragte.

Dann kamen die Russen. Luises Mutter floh mit den beiden Jungs und dem Mädchen über die Neiße. Sind dann irgendwo hier in der Gegend gelandet. Mehr weiß ich nicht.«

»Bisschen wenig, nicht?«

Menge zuckt die Achsel. »Mir hat's gereicht.«

»Und dann?«

»Was: und dann?«

»Luise war schwanger, Ihr Vater starb, Sie haben geheiratet?«

»Ja. Nur ihre Mutter war bei der Hochzeit da. Wolle habe ich eingeladen, aber der kam nicht.

Dann wurde Jens geboren. Luise hörte in ihrem Backladen endgültig auf und kümmerte sich nur um das Kind und das Haus.«

»Und den Garten.«

»Und den Garten natürlich.«

»Machte ihr das Spaß, füllte es sie aus?«

»Weiß ich nicht.«

»Sie haben darüber nie mit ihr gesprochen?«

»Warum?«

»Dann kam der zweite Sohn. Wie hieß der?«

»Das war der Dirk.«

»Da hatte Ihre Frau noch mehr zu tun.«

»Ja.«

»Haben Sie ihr etwas abgenommen.«

»Ich war nach meiner Arbeit fix und fertig. Außerdem ging mir das Gegreine und Gekreische zu Hause auf die Ketten. Ich wollte in Ruhe mein Feierabendbier trinken und anschließend … Na, Sie wissen schon.«

»Nein, ich weiß nicht.«

»Ordentlich knattern.« Er schiebt den Daumen zwischen Zeige- und Mittelfinger.

»Aber Ihre Frau wohl eher nicht. Die hatte doch die Hausarbeit zu erledigen und die Kinder zu versorgen.«

»Nee, nee, wenn sie ordentlich einen auf die Lampe geschüttet hatte, wollte sie auch.«

Krause schaut irritiert. Menge sieht die fragenden Augen.

»Na, wenn sie was getrunken hatte, war sie rattenscharf.«

210

»Ich will nicht wissen, wie oft sie ›rattenscharf‹ war, sondern nur interessehalber: Trank sie oft?«

Menge weicht aus. »Naja, manchmal hatte sie schon einen zu sitzen, wenn ich von Arbeit kam.«

»Wie oft ist ›manchmal‹?«

»Vier, fünf Mal in der Woche wird es schon gewesen sein«, sagt Menge. »Dann wurde sie wieder schwanger, Gesine kam. Womit der Ärger anfing.«

»Welcher Ärger?«

»Auf der Mütterberatung regten sie sich auf, als die Kleine nicht zunahm. Da konnten wir doch nichts für. Das war ein unruhiges Kind. Wenn irgendwas war, fing es an zu plärren. Wir haben nachts kaum noch durchschlafen können.

Irgendjemand hetzte uns schließlich die Jugendfürsorge auf den Hals. Mir war's egal, was ging es die an, was bei uns zu Hause passierte? Luise war verschreckt. Hörte auf zu trinken, kümmerte sich nur noch um die Kinder, putzte und machte. Ich war am Arsch. Gottlob legt sich das schnell, als die Alte von der Jugendfürsorge nicht mehr kam.«

»Und dann meldete sich das vierte Kind an.«

»Was heißt anmelden? Es ist einfach passiert. Schöne Scheiße das. Der einzige Trost für Luise war der Umzug. In der Stadt hatte sie ihren Spaß, war viel mit ihrer Freundin unterwegs. Das interessierte mich nicht, Hauptsache, mein Bier stand abends auf dem Tisch und ich kriegte was zu essen. Und das andere auch.«

So berichtet denn Menge weiter und schildert das, was Krause bereits von Anfang an vermutete: eine gleichermaßen überforderte wie verantwortungslose Mutter, ausgestattet mit einem gewissen Phlegma, was man auch Faulheit nennt, ließ sich einfach treiben. Die Fürsorgerin vom Jugendamt versuchte Einfluss zu nehmen, indem sie Luise Menge drängte, sich nach einer geregelten Arbeit umzuschauen. Dabei ging es ihr offensichtlich weniger um das Zubrot der Menges, sondern darum, dass die Kinder besser betreut werden konnten. Denn wenn die Frau arbeitete, hätten die Kinder in eine Krippe und in den Kindergarten gehen müssen. Auf diese Weise hätte man sie, wie aber auch die Frau, unter fürsorglicher Kontrolle. Dessen ist sich Krause bewusst, als Lothar Menge alles von sich gibt, was ihm so einfällt. Dieser hingegen hat nichts begriffen und lobt sogar den Einfallsreichtum seiner Frau, mit dem sie sich vor jeder Arbeit drückte. In eine solche Familie nun wird ein viertes Kind hineingeboren. Es ist noch weniger gewollt als die anderen. Von Anfang an ist es lästig. Und wird darum zunächst vernachlässigt. Was in der Mütterberatung auffällt und moniert wird.

»Und, wie hat Ihre Frau darauf reagiert?«

»Sie ist nicht mehr hingegangen.«

»Hat das keiner bemerkt?«

»Weiß ich nicht.«

So geht die Vernehmung geraume Zeit noch dahin. Krause füllt Seite um Seite. Es formt sich ein Bild, das an Deutlichkeit nichts zu wünschen übriglässt.

Am nächsten Morgen und auch am darauf folgenden trifft sich das Kommissariat 3 zur Dienstberatung wie verabredet. Krause berichtet, Raschke informiert. Krische und Sarkowski rapportieren ihre Gespräche.

Manfred Krische bestätigt, was sie geahnt hatten: Die Nachfragen bei den Betrieben, in denen Menge beschäftigt war, ergaben nichts Verwertbares außer jener Erkenntnis, die die Kriminalisten allerdings schon ahnten: Man hatte es bei Lothar Menge mit einem unsteten Menschen zu tun, einem umtriebigen Charakter ohne Bindung. Ehe die Arbeitskollektive den neuen Kollegen kennenlernten, war er auch schon wieder weg. Das ist nicht verwunderlich in einem Land, an deren Werkstoren ausnahmslos Offerten hängen: »Suchen …« Arbeiter sind überall knapp und darum gefragt. Und diese können es sich leisten zu gehen, wenn ihnen die zugewiesene Tätigkeit zu anstrengend ist oder aus anderen Gründen missfällt. Jeder kann die Arbeitsplätze folgenlos wechseln wie ein Hemd. Natürlich macht man auf diese Weise keine Karriere (diesen Begriff gibt es in der DDR nicht einmal), qualifiziert sich nicht, rutscht nicht von einer Planstelle auf eine besser bezahlte. So etwas interessiert aber Menschen wie Menge nicht. Sie sind mit dem zufrieden, was sie haben. Ehrgeiz ist ihnen so fremd wie Bedürfnisse, die außerhalb ihres Horizontes liegen.

Er habe, sagt Krische, ein halbes Dutzend Kaderabteilungen in der Stadt angerufen. In manchen konnte man sich an Menge nicht einmal erinnern.

»Der war dort schneller weg, als man sich seinen Namen merken konnte.«

Anders bei der Mütterberatung und der Jugendfürsorge, setzt Klaus Sarkowski fort. Der Name Menge ist dort hinlänglich bekannt. An der Frau – und auch dem Mann, weil der sich offensichtlich in keiner Weise um die Familie kümmert – ließ man kein gutes Haar. Sarkowski klappt sein Notizbuch auf. Er wolle den Kollegen die Details ersparen, nur so viel: Die Frau habe sich systematisch jeder Kontrolle zu entziehen versucht. »Mit wachsendem Erfolg«, betont Sarkowski. Denn anders könne er sich nicht erklären, wie es zu jenem schrecklichen Ende hätte kommen können. Darum dürfe man die zuständigen Stellen von einer gewissen Mitschuld nicht freistellen.

Hauptmann Krause nickt. Er werde das im Abschlussbericht deutlich ansprechen, das müsse Kon-

Das Kinderheim, in das die Menge-Kinder kamen

sequenzen haben. »Da werden Köpfe rollen«, sagt er mit energischem Nachdruck.

Ob es noch irgendwelche Aspekte zu bedenken gäbe, erkundigt er sich in der Runde. Die Frage ist rhetorischer Natur, denn die Fakten liegen auf dem Tisch. Alles ist ermittelt und gesagt, die Sachlage ist eindeutig. Nun muss das Gericht sprechen. Es wird auf der Basis der von den Kriminalisten zusammengetragenen Tatsachen urteilen. Es bleibt kein Raum für Spekulation.

Aber dennoch hat alles einen schalen Beigeschmack, der von der Frage herrührt: Warum? Wie ist es möglich, dass trotz eines dicht geknüpften sozialen Netzes Menschen der gesellschaftlichen Kontrolle und Fürsorge völlig entgleiten können?

Diese Frage drängt bei Krause, als er sich über seinen Bericht beugt, immer mehr in den Vordergrund. Natürlich, sie sind Kriminalisten. Ihr Auftrag besteht in der Aufklärung von Straftaten und nicht primär in deren Verhinderung. Niemand kann in Köpfe schauen und als Gedankenpolizei prophylaktisch einschreiten. Trotz allen technischen Fortschritts wird man dorthin nie gelangen. Hoffentlich nicht, denkt Krause, denn das wäre das Ende jeglicher Gedankenfreiheit. Das letzte Reservat oder Refugium, in das sich der Einzelne unbeobachtet und unkontrolliert zurückziehen kann, hätte sich dann erledigt.

Trotzdem gibt es bei bestimmten Straftaten Indikatoren, Hinweise im Vorfeld. Ein Totschlag im Affekt ist etwas anderes als die Tötung durch Hunger. Das eine geschieht in Bruchteilen von Sekunden, das andere kann sich über Wochen und Monate hinziehen. Das eine passiert spontan, das andere mit Vorsatz. Für Hans Krause, Hauptmann der K, steht außer Frage, dass Luise Menge den Hungertod der Tochter nicht billigend in Kauf genommen, sondern diesen geplant hat. Und ihr Mann, sofern er denn in diese Absicht nicht eingeweiht worden war, hat mindestens davon Kenntnis genommen. Und da er das Leiden der Tochter nicht verhindert hat, ist er de facto Mittäter.

Der Staatsanwalt sieht es nicht anders und folgt der schlüssigen Argumentation Krauses. Die beiden Menges bleiben in Haft, ihre drei Kinder im Heim.

Schon im Sommer wird das Verfahren gegen die Eltern vorm Bezirksgericht in Dresden eröffnet. Die Öffentlichkeit ist zugelassen. Es ist keineswegs so, dass dieser grausame Fall unter der Decke gehalten wird, gar vertuscht werden soll, obgleich er nicht unbedingt ein Ruhmesblatt für die von staatswegen daran Beteiligten darstellt und mithin ein grelles Licht auf die Zustände wirft. Noch bevor das Gericht zusammentritt, war das schlechte Zusammenwirken von Mütterberatung, Kinderklinik und Jugendamt in Görlitz untersucht und die Verantwortlichen zur Rechenschaft gezogen worden waren.

Ausgangspunkt des Verfahrens vorm Bezirksgericht ist die Sektion der Leiche durch Fachleute der Medizinischen Akademie »Carl Gustav Carus« in Dresden, die noch am Tage nach dem Tod von Melanie Menge erfolgte. Die Gerichtsmediziner hatten zweifelsfrei festgestellt, dass das sieben Monate alte Mädchen verhungert und verdurstet war. Allein damit jedoch ließ sich nicht Vorsätzlichkeit beweisen. Bekanntlich gibt es auch verschiedene Krankheitsbilder, bei denen Aufnahme von Nahrung und Flüssigkeit nicht erfolgt. Allerdings, und darauf verwiesen die Mediziner, fanden sie auch Symptome »gröbster Verwahrlosung«, die den Schluss zwingend erscheinen lassen, dass Nahrung und Flüssigkeit verweigert worden waren.

Man stellte den »völligen Schwund des Körperfettes« fest, an dessen Stelle eine »bräunliche, glasig-salzige Substanz« getreten war. Muskulatur und innere Organe hätten an Masse verloren, Schweiß- und Talgdrüsen ihre Funktion eingestellt. Dadurch sei die Haut des Säuglings ausgetrocknet und spröde gewesen, das gesamte Gewebe, so die Akademiker in ihrem sachlichen Befund, »auffallend wenig durchfeuchtet«. Das Darmrohr sei leer und stark kontrahiert, im Gesicht und an den Beinen hätten sich Ödeme befunden.

Angesichts des grausigen Befundes hatte sich auch die Frage nach der Schuldfähigkeit der Eltern gestellt. Oder wie es weniger verklausiert der Volksmund artikulierte: Sind die überhaupt zurechnungsfähig?

Die Neurologisch-Psychiatrische Klinik der Dresdner Akademie entschied nach einer aufwendigen Untersuchung: Ja, sie sind es! Zwar handele es sich, so das nervenärztliche Gutachten, um »primitiv veranlagte Personen«, die sich »aus egoistischen Gründen« ihren Pflichten entzogen hätten. Aber sie (oder ihr Anwalt) könnten sich nicht mit Berufung auf Unzurechnungsfähigkeit einer Verurteilung entziehen.

Die Richter befragen etliche Zeugen, rufen Gutachter und Sachverständige auf, sie sehen sich entsetzliche Bilder an. Den Menschen im Saal verschlägt es die Sprache, einige brechen in Tränen aus. Das bleibt nicht ohne Wirkung auf das Gericht. Die Angeklagten jedoch lassen alles mit stoischer Gelassenheit über sich ergehen, sie zeigen keinerlei Regung. Krause, als Zeuge geladen, ist davon nicht überrascht. Er hat die beiden als Erster vernommen, er kennt ihre Einstellung, ihre Haltung. Offenkundig begreifen sie nicht die schreckliche Dimension des verhandelten Verbrechens.

Der Staatsanwalt fordert in seinem Plädoyer neben der Haftstrafe auch den Entzug der bürgerlichen Rechte auf Lebenszeit, d. h. Luise und Lothar Menge dürfen nie mehr das aktive und das passive Wahlrecht ausüben, sie können auch keiner Partei mehr beitreten oder als Schöffe gewählt werden.

Das alles erklären die Verteidiger den beiden, weil sie sich darunter nichts vorstellen können. Doch als sie hören, was darunter zu verstehen ist, erheitern sie sich erkennbar. Das trifft sie nicht.

Anders jedoch das Urteil.

Für das Gericht handelt es sich um Mord. Deshalb zieht es den § 211 des Strafgesetzbuches an. Es ist noch das alte StGB. Die DDR-Juristen arbeiten bereits an einem neuen Strafgesetzbuch, das den veränderten gesellschaftlichen Verhältnissen im Osten Deutschlands Rechnung trägt. Es soll aber erst im kommenden Jahr – gemeinsam mit der neuen Verfassung, über die es einen Volksentscheid geben wird – in Kraft treten.

Der Paragraf definiert »Mord« und sagt im zweiten Absatz: »Mörder ist, wer aus Mordlust, zur Befriedigung des Geschlechtstriebs, aus Habgier oder sonst aus niedrigen Beweggründen, heimtückisch oder grausam oder mit gemeingefährlichen Mitteln oder um eine andere Straftat zu ermöglichen oder zu verdecken, einen Menschen tötet.« Und ferner sagt er, dass ein Mörder »mit einer lebenslangen Freiheitsstrafe« zu bestrafen sei.

Darum begründet der Richter sein Urteil unmissverständlich: »Tötet eine Mutter ihr Kind, um den ihr obliegenden Pflichten zur Betreuung und Wartung sich zu entziehen, handelt sie aus krassem Egoismus und damit aus niedrigen Beweggründen im Sinne des § 211 Strafgesetzbuch.« Und weiter erklärt der Richter: »Das vorsätzliche Verhungernlassen eines Kindes ist grausam, weil dadurch dem Opfer über das zur Lebensvernichtung erforderliche Maß Qualen hinzugefügt werden. Qualen im Sinne des Gesetzes sind nicht nur heftige oder starke Schmerzen, sondern auch ein durch Hunger hervorgerufenes ständiges und vor allem langandauerndes körperliches Unbehagen. Es ist allgemein bekannt, wie qualvoll es ist, über eine längere Zeit hungern zu müssen. Mehr braucht der Täter nicht zu wissen. Wenn er gleichwohl durch Hungernlassen tötet, handelt er grausam im Sinne des § 211 Strafgesetz-buch.«

Die Kammer bemüht sich um eine differenzierte Beurteilung der Täterin und ihres Mannes, findet aber, wie in der Urteilsbegründung zu lesen ist, nicht viel Gutes. Wurzel allen Übels sei ihre negative Ein-stellung zur Arbeit im Allgemeinen und zur Erfül-lung der ihr als Mutter obliegenden Pflichten zur Betreuung des Kindes im Besonderen. »Hinzu kom-men die durch das verantwortungslose Verhalten ihres mitangeklagten Ehemannes gegenüber den Interessen seiner Familie geförderten, aber auch von ihr mitverursachten katastrophalen finanziellen und häuslichen Verhältnisse in dieser Ehe, die sie allmäh-lich gleichgültig werden ließen und ihr Gefühlsleben abstumpften.

Unter Berücksichtigung aller Umstände und unter der Beachtung der einschlägigen Rechtspre-chung des Obersten Gerichts der Deutschen Demo-kratischen Republik, hat der Senat gemäß § 211 Abs. 2 und Abs. 3 StGB auf die vom Staatsanwalt des Bezirkes Dresden beantragte lebenslange Zuchthausstrafe erkannt.«

Und zu Lothar Menge sagt der Richter: »Es ist davon auszugehen, dass er als Vater des Kindes – genau so wie seine mitangeklagte Ehefrau – ver-pflichtet war, für ausreichende Ernährung und Pflege zu sorgen und über Gesundheit und körperliche Entwicklung des Kindes zu wachen. Nach dem fest-gestellten Sachverhalt hat er diese elterlichen Sorge-pflichten böswillig verletzt.

Diese Böswilligkeit ergibt sich daraus, dass er sich zu keiner Zeit und auch dann noch nicht in der erforderlichen Weise um die Gesundheit und um das Wohlergehen des Kindes kümmerte, als er in der Zeit vor dem Tod des Kindes krankgeschrieben war und zu Hause weilte. Er hätte jederzeit sich um das Kind kümmern können, hätte Hilfe (ärztlicher und kommunaler Art) einschalten und so das Leben des Kindes retten können. Das hat er aus Bequemlichkeit nicht getan. In diesem passiven Verhalten ist die Böswilligkeit begründet.

Intellektuell wäre er in der Lage gewesen zu sehen, was mit dem Kind los ist.

Vom Staatsanwalt des Bezirkes wurde hinsichtlich des Angeklagten eine Zuchthausstrafe von sechs Jahren beantragt. Die Verteidigung hat diesen Strafantrag als überhöht bezeichnet und darauf hingewiesen, dass zur Umerziehung des Angeklagten eine niedrigere Strafe genüge. Der Senat vertritt hierzu die Auffassung, dass es im vorliegenden Fall bei der Strafzumessung nicht nur um die notwendige Umerziehung des Angeklagten mittels staatlichem Zwang geht, sondern auch die einer solchen Bestrafung innewohnenden Schutzfunktion zu beachten ist. Strafart und Strafhöhe müssen u. a. den hohen Grad der Gesellschaftsgefährlichkeit des von dem Angeklagten begangenen Verbrechens, insbesondere seine egoistischen Motive und den hohen Grad seiner Schuld, berücksichtigen sowie der großen Bedeutung der von ihm mit seiner Straftat angegriffenen strafrechtlich geschützten Objekte der Gesundheit, der körperlichen Unversehrtheit und des Lebens eines anderen Menschen entsprechen.

Nach allem hält der Senat den Strafantrag des Staatsanwaltes des Bezirkes für gerechtfertigt und hat hinsichtlich des Angeklagten wegen des von ihm begangenen Verbrechens nach § 226 StGB auf eine Zuchthausstrafe von sechs Jahren erkannt.«

Hauptmann Krause fährt mit Befriedigung nach Hause. Ja, die Strafe ist hoch, sehr hoch, jedoch nach seiner Überzeugung gerechtfertigt. Was hätte aus diesem Würmchen alles werden können?

Auch die Bevölkerung von Görlitz quittiert mit Genugtuung den Schuldspruch. Lebenslang für die Mutter, sechs Jahre für den Vater – das ist angemessen, befinden die meisten. Und hoffen darauf, dass dieser Fall auch eine Art Weckruf darstellt und der letzte seiner Art in der Stadt sein möge.

Was sie nicht wissen: dass die Verurteilten in Revision gehen. Das Oberste Gericht verwirft allerdings den Antrag und bestätigt das Dresdner Urteil in allen Punkten.

In der Begründung ihres Urteils, das nicht veröffentlicht wird, erklären die obersten Richter des Landes zur Mutter Luise Menge: »Die in ihrer Tat zum Ausdruck kommende besonders verwerfliche Einstellung zum menschlichen Leben geht weit über das Maß der Missbilligung und Verabscheuung jedes vorsätzlichen Tötungsverbrechens hinaus.« Und dann erklären sie im Weiteren, was sie darunter verstehen: »Ihr war bekannt, dass ihr Kind infolge der erwähnten Vernachlässigung der Pflege und Ernährung

Qualen litt, und sie wusste ganz allgemein auf Grund eigener Erfahrungen, wie qualvoll es ist, über eine längere Zeit hungern zu müssen. Sie hörte, wie ihr Kind vor Hunger und Unrat schrie, und trotzdem setzte sie ihre Tötungshandlung systematisch fort.«

Die drei Kinder kamen in Pflegefamilien.
Sie leben heute irgendwo in Deutschland.

* Die beiden hier genannten Fälle wurden von der Autorin im Buch »Kindsmord. Authentische Kriminalfälle aus der DDR«, erstmals veröffentlicht 2009, ausführlich beschrieben

Inhalt